क्रांति का मसीहा

डॉ. बिनायक सेन

डॉ. एस.एन. सेवक

तथा

ए. कुमार

डायमंड बुक्स

प्रकाशक : डायमंड पॉकेट बुक्स (प्रा.) लि.
X-30 ओखला इंडस्ट्रियल एरिया, फेज-II
नई दिल्ली-110020
फोन : 011-40712200
ई-मेल : sales@dpb.in
वेबसाइट : www.diamondbook.in
मुद्रक : रेप्रो (इंडिया)

KRANTI KA MASIHA DR. BINAYAK SEN
by : Dr. S. N. Sevak and A. Kumar

दो शब्द

हमें इस पुस्तक को लिखने के लिए काफ़ी मित्रों व शुभचिंतकों से सुझाव व सामग्री प्राप्त हुई है। उन सब ने कई प्रकार से सहायता दी। हम उन सब का धन्यवाद करते हैं। इस परियोजना में उनके द्वारा दिए गए योगदान को हम धन्यवाद सहित स्वीकार करते हैं।

स्वामी अग्निवेश, जो हमारे पुराने मित्र तथा सामाजिक सक्रियतावादी हैं, पहले व्यक्ति थे जिन से हम ने इस परियोजना की स्वीकृति मिलने के बाद संपर्क स्थापित किया। स्वामी जी ने हमें पी.यू.सी.एल. के कई मानवाधिकार सक्रियतावादियों से मिलवाया। स्वामी जी ने हमें इस विषय पर भरपूर जानकारी दी तथा इस पुस्तक के लिए प्राक्कथन भी लिख कर दिया। हम उनके मार्गदर्शन तथा सहयोग के लिए उनके प्रति अपना आभार व्यक्त करते हैं।

प्रोफ़ेसर ए.के. मलेरी ने हमें पत्रिकाओं तथा समाचार पत्रों के रूप में काफ़ी महत्त्वपूर्ण जानकारी मुहैया करवाई। हमने उनके साथ डॉ. सेन के बारे में काफ़ी लाभदायक चर्चा भी की। हमें सुश्री कविता श्रीवास्तव, प्रो. प्रभाकर सिन्हा, श्री पुष्कर राज, श्री महीपाल सिंह, श्री राजेंद्र सायल, श्री अजीत सिन्हा, सुश्री सुधा भारद्वाज तथा श्री हिमांशु कुमार से बातचीत करने का भी अवसर मिला; ये सभी 'पी.यू.सी.एल.' के ऐक्टिविस्ट हैं, जो हमें मानवाधिकारों पर आयोजित एक अध्ययन गोष्ठी के दौरान मिले थे। हम ने उन सब के विचार सुने तथा कई परोक्ष संकेत (hints) प्राप्त किए। इस अध्ययन परियोजना के लिए वह काफ़ी महत्त्वपूर्ण सूचना थी। हम 'पी.यू.सी.एल.' के इन सभी नायकों को धन्यवाद देते हैं। डॉ. इलीना सेन, जो डॉ. सेन की पत्नी हैं, ने हमें काफ़ी उपयोगी जानकारी दी। डॉ. बिनायक सेन के साथ कुछ अधिक वार्तालाप नहीं हो सका। परंतु, डॉ. स.न. सेवक को एक अध्ययन गोष्ठी के दौरान उनके विचारों को सुनने का अवसर मिला।

उपरोक्त व्यक्ति स्वास्थ्य रक्षा कार्यक्रमों, शिक्षण कार्यों तथा मानवाधिकारों से जुड़े संघर्ष की घटनाओं की बहुत लंबी श्रृंखला के मुख्य पात्र थे। इनके विचारों को जानकर इस पुस्तक के लेखक उत्साह से भर गए। हम उन सभी लेखकों, पत्रिकाओं व समाचार पत्रों के संपादकों, तथा वेबसाईटों के संपादकों का धन्यवाद करते हैं, जिन्होंने हमें बहुमूल्य जानकारियाँ उपलब्ध करवाई। हम ने काफ़ी जानकारियाँ, तथ्य

तथा आंकड़े www.binayaksen.net से भी प्राप्त किए हैं। इसके अलावा, हम सुश्री मिन्नी वैद को बधाई देना चाहेंगे, क्योंकि उन्होंने डॉ. बिनायक सेन पर गहन शोध किया है। हम डॉ. सुरेंद्र सिंह सिद्धू को भी महत्त्वपूर्ण जानकारी जुटाने के लिए धन्यवाद करना चाहेंगे।

अंत में, हम डायमंड समूह के अध्यक्ष तथा कर्मचारियों का धन्यवाद करते हैं, जिन्होंने इस पुस्तक के प्रकाशन की प्रक्रिया में अपना योगदान दिया।

यह प्रस्तुति उपरोक्त सभी व्यक्तियों के संयुक्त प्रयासों का परिणाम है, जिसके लिए हम उन सबको श्रेय देते हैं।

लेखक

प्राक्कथन

लेखक उस महान डॉक्टर को भावात्मक श्रद्धांजली देना चाहते थे, जिसने छत्तीसगढ़ के आदिवासियों की सेवा की थी। उन्होंने बिलासपुर तथा रायपुर की जेलों में मानवाधिकारों हेतु संघर्ष के लिये यातनायें पाईं। यह सब उन्होंने अत्यधिक विषम परिस्थितियों तथा राज्य सरकार के आक्रामक रवैये के बावजूद किया। मैं यह जानकर अति प्रसन्न हुआ हूं कि लेखकों ने यह पुस्तक पूरी कर ली है तथा डॉ. बिनायक सेन के कार्य व संघर्ष को स्पष्ट परिपेक्ष्य में प्रस्तुत किया है। दोनों लेखकों ने विभिन्न संसाधनों से जानकारी जुटाने के लिए संघर्ष किया है। इस लक्ष्य की प्राप्ति हेतु डॉ. सेवक, डॉ. इलीना तथा डॉ. बिनायक सेन से मिले। साथ ही, वह 'पी.यू.सी.एल.' के कई सक्रियतावादियों से भी मिले। उन्होंने विषय का काफ़ी तर्कपूर्ण दृष्टि से वर्णन किया है तथा यह पूर्णतया सिद्ध कर दिया है कि डॉ. बिनायक सेन लोगों के दुश्मन नहीं, बल्कि उनके सच्चे मित्र हैं। यह कुलीन डॉक्टर सिर्फ़ यह चाहता है कि गरीब लोग स्वस्थ व प्रसन्न रहें। इस गौरवपूर्ण गाथा में उनकी यही एक भूल रही है।

मैं डॉ. बिनायक सेन को काफ़ी समय से जानता हूँ तथा उनसे कई बार मिला हूँ। वह एक साफ़्ट, लॉजिकल, विश्वास से भरे तथा फ्रेंडली इंसान हैं, जो हरेक इंसान में प्रेम तथा सम्मान का सृजन करते हैं। वह एक डॉक्टर के रूप में बहुत संजीदा हैं तथा 'पी.यू.सी.एल.' के सदस्य के रूप में बेहद ज़िम्मेदार भी हैं। जब मैं उन्हें रायपुर जेल में मिला तो मेरा सेल्युलर फ़ोन मेरे पास ही था। उस फ़ोन को जेल के अधिकारी पकड़ नहीं पाए थे। मैं उस फ़ोन पर डॉ. बिनायक सेन का एक चित्र लेना चाहता था। उन्होंने तुरंत मेरे इरादे पर अपनी आपत्ति जताई तथा मुझे कहा कि मेरा यह कृत्य नियमों के विरुद्ध होगा। उन्होंने यह भी कहा कि वह नियमों का उल्लंघन नहीं होने देना चाहते थे। वह कानून का पालन करने वाले नागरिक हैं। मैं यह जानकर विस्मित हूं कि उन पर देशद्रोह जैसा गंभीर इल्ज़ाम कैसे व क्यों लगाया गया। दो वर्षों से अधिक समय के लिए उनको तथा उनके परिवार को भीषण शारीरिक व मानसिक यातनाएं दी गईं। यद्यपि उन्हें माननीय सर्वोच्च न्यायालय के द्वारा ज़मानत दी गई है, तथापि उन्हें बिलासपुर उच्च न्यायालय में देशद्रोह के मुकदमे का सामना करना होगा। हमें नहीं मालूम कि यह मुकदमा कब तक चलेगा। छत्तीसगढ़ की सरकार अपनी कार्यवाही करने

पर अड़ी हुई है। वह डॉ. सेन को सज़ा दिलवाने के लिए आमादा है। वह किसी भी कीमत पर उनको सामाजिक कार्यों से दूर रखना चाहती है, जो एक निंदनीय नीति है।

छत्तीसगढ़ की माओवाद की समस्या एक सच्चाई है। यह बलपूर्वक या सेना की कार्यवाही करके सुलझाई नहीं जा सकती। राज्य सरकारों तथा केंद्र को चाहिए कि वे इस समस्या की जड़ों तक जाएं। यदि गरीब आदिवासियों को उनके घरों से बलपूर्वक हटा दिया जाएगा तो उस क्षेत्र में माओवादियों की गतिविधियाँ बढ़ जाएंगी। कॉर्पोरेट कंपनियाँ उस इलाके के मिनरल भंडारों का इस्तेमाल करने में रुचि ले रही हैं। लोगों को उचित मुआवज़ा मिलना चाहिए तथा उनका ठीक प्रकार से पुनर्स्थापन भी आवश्यक है। शासन के द्वारा उनको उनके घरों से हटाया नहीं जाना चाहिए तथा उनकी ज़मीन भी उनको दी जानी चाहिए। विकास की प्रक्रिया उनके विनाश से नहीं, बल्कि उनकी को-ऑपरेशन से शुरू होनी चाहिए। यह तभी संभव है, यदि उनको विकास का एक अभिन्न अंग बना दिया जाए, ना कि साज़िशें रचकर उनका डिस्पलेसमेंट किया जाए। समस्या का समाधान गंभीर वार्तालाप से संभव है; यह समाधान झगड़ा करके अथवा कत्लेआम करके प्राप्त नहीं किया जा सकता। माओवादी नेताओं को वार्तालाप में शामिल करने के प्रयास होने चाहिएं, ना कि उनपर सेना के द्वारा हमले करवाए जाने चाहिएं; ना ही उनके नेताओं को झूठे (पुलिस) मुकाबलों में मारा जाना चाहिए।

डॉ. बिनायक सेन जैसे लोग भरोसे और भाईचारे के पुल बनाने का काम बखूबी कर सकते हैं।

केंद्रीय गृह मंत्री, श्री पी. चिदंबरम, ने डॉ सेन को रिहा किए जाने की घटना का स्वागत किया है। डॉ. सेन सर्वोच्च न्यायालय के आदेशानुसार ज़मानत पर रिहा किए गए हैं। श्री रमण सिंह जो संप्रति, छत्तीसगढ़ के मुख्य मंत्री हैं, अड़ियल रवैया अपनाए हुए हैं। वह चाहते हैं कि बिलासपुर उच्च न्यायालय में इस मसीहा डॉक्टर के खिलाफ़ अदालती कार्यवाही जारी रहे।

योजना आयोग ने विशेषज्ञों की एक संचालन समिति (Steering Committee) का गठन किया है, जो बारहवीं पंचवर्षीय योजना (2012-17) के लिए अपने सुझाव देगी। डॉ. बिनायक सेन इस समिति में एक विशेषज्ञ के तौर पर सदस्य बनाए गए हैं। यह घटनाचक्र छत्तीसगढ़ सरकार के लिए सुखद नहीं है। अचरज की बात यह है कि राज्य सरकार एक स्वाभाविक निष्कर्ष को भी भाँप नहीं सकती। डॉ. बिनायक सेन से कानूनी मुकद्मे हटाने की बजाए यह तुच्छ आधारों पर डॉ. सेन

के खिलाफ़ अदालती कार्यवाही जारी रख रही है। फिर भी, डॉ. सेन पूरी दुनिया की नज़रों में दोषमुक्त करार दिए जा चुके हैं, चाहे उन्हें राज्य सरकार के रूष्ट व्यवहार का सामना करना पड़ रहा है।

इस पुस्तक में, डॉ. सेवक तथा श्री ए. कुमार ने डॉ. बिनायक सेन के जीवन व संघर्ष के अनेक पहलुओं पर चर्चा की है। उन्होंने यह पुस्तक प्रैक्टीकल तरीके से लिखी है। हमें डॉ. सेन जैसे और अधिक डॉक्टर तथा मानवाधिकार एक्टिविस्टों की ज़रुरत है। ऐसे योद्धा मानव जाति को शांति, न्याय तथा समानता दिलवा सकते हैं।

आज के दौर में, भारत को सामाजिक-आर्थिक तथा सामाजिक-राजनीतिक वातावरण की आवश्यकता है। यह डॉ. बिनायक सेन जैसे लोगों के प्रयासों के द्वारा ही संभव है।

यह पुस्तक डॉ. बिनायक सेन को ठीक ढंग से प्रस्तुत करती है। मैं इस पुस्तक के लेखकों तथा प्रकाशक का अभिनंदन करता हूं, क्योंकि आप सभी ने मिल कर लोगों को जागृत करने हेतु एक बढ़िया पुस्तक का प्रकाशन किया है।

मैं एक निःस्वार्थ डॉक्टर के द्वारा किए गए महान कार्य के बारे में पढ़कर काफ़ी खुश हुआ हूँ; वह मानव स्वास्थ्य तथा मानवाधिकारों के प्रति पूर्णतया समर्पित हैं। उनकी विश्वसनीयता पर कोई शक नहीं कर सकता तथा उनके मिशन का पूरे देश के द्वारा समर्थन किया जाना चाहिए।

14 मई, 2011

स्वामी अग्निवेश

7, जंतर मंतर मार्ग

नई दिल्ली-110001भारत

फोटो की सूची

विषय सूची

प्रस्तावना

आरंभः शत्रु या मित्र

जब मैंने डॉ. बिनायक सेन को आजीवन कारावास दिए जाने से संबद्ध मीडिया रिपोटर्स को पढ़ा तो मुझे एक प्रसिद्ध नाटक का स्मरण हुआ। वह प्रसिद्ध नाटक इब्सन ने लिखा था तथा उसका शीर्षक था *"एन एनिमी ऑफ़ द पीपल" (An Enemy of the People)*। इस नाटक के नायक, डॉ. स्टॉकमैन, नार्वे के एक कस्बे में कार्यरत होते हैं। वह कस्बा अपने चश्मों के लिए प्रसिद्ध होता है, जो लोगों को स्वस्थ कर देते हैं। बहुत सारे लोग उस कस्बे में आना शुरू कर देते हैं ताकि वे इन चश्मों के जल में स्नान करके अपनी चमड़ी की बीमारियों से मुक्ति पा सकें। परिणामस्वरूप, उस कस्बे में बहुत सारे स्पा (स्नानघर) खुल जाते हैं और यह उन्नति उस स्थान की अर्थव्यस्था को अति उच्च स्थान पर पहुंचा देती है। इन स्नानघरों तथा होटलों के मालिक अच्छा-खासा प्रॉफिट कमाने लगते हैं। साथ ही, उस कस्बे की काउंसिल की आय भी कई गुना बढ़ जाती है। कस्बे के डॉक्टर का कर्तव्य होता है कि वह इन स्वस्थ करने वाले स्नानघरों की देखरेख करे तथा साथ ही, आने वाले पर्यटकों की स्वस्थ त्वचा पाने हेतु उचित सहायता करे। अतः वह कस्बा एक पर्यटक केंद्र बन जाता है, जिस से वह काफ़ी समृद्ध तथा महत्वपूर्ण स्थल बन जाता है।

चूंकि डॉ. स्टॉकमैन पूरी तरह से वैज्ञानिक शोध के हक में हैं, वह उन चश्मों के चमत्कारी स्वस्थ करने वाले जल पर शोध आरंभ कर देते हैं। वह उस जल के नमूने यूरोप की प्रसिद्ध प्रयोगशालाओं से जांच करवाते हैं। वह उन चश्मों के पर्वतों पर स्थित उद्‌गम तक भी पहुंच जाते हैं। वह एक अभूतपूर्व परिणाम पर पहुंचते हैं उन चश्मों के जल में कोई भी उपयोगी रसायन नहीं है, जिससे मानव त्वचा की कोई बीमारी ठीक हो सके। इसके विपरीत, वह यह जान जाते हैं कि उन चश्मों का जल भयंकर रूप से प्रदूषित है। यह जल मानव त्वचा के लिए काफ़ी अधिक नुकसानदेह साबित हो सकता है, जिसका पता काफ़ी समय के

उपयोग के बाद ही पता लगेगा। यह प्रदूषण पैदा करने वाले रासायनिक तत्व एक चमड़े के कारख़ाने से आते हैं, जो कफ़ी ऊंचाई पर स्थित पर्वतों में कार्यरत है। इन रसायनों के ज़मीन में रिसाव के कारण ही ये निचले पहाड़ों के जल में सम्मिलित हो जाते हैं (और वे चश्में निचले पहाड़ों पर ही स्थित हैं)। डॉ. स्टॉकमैन अपनी रिपोर्ट कस्बे के मेयर को देते हैं, परन्तु मेयर उन्हें चुप रहने की हिदायत देता है। वह कहता है कि इस भंडाफोड़ के कारण कस्बे की अभी हाल ही में प्राप्त समृद्धि छिन जाएगी। तब डॉक्टर स्टॉकमैन एक स्थानीय समाचार पत्र के संपादक से संपर्क स्थापित करते हैं। परन्तु वह भी मेयर से ही सहमत होता है तथा डॉ. स्टॉकमैन को इस मामले की परवाह ना करने के लिए कहता है। मेयर तथा संपादक जनता के विश्वास का लाभ उठा कर अपना उल्लू सीधा करना चाहते हैं तथा वे यह भी चाहते हैं कि यह सिलसिला जारी रहे। डॉ. स्टॉकमैन, जिसका ज़मीर ज़िंदा है, एक जनसभा का आह्वान करते हैं ताकि वह लोगों को चश्मों के ख़तरनाक जल के बारे में बता सकें। परंतु जब वह ऐसा करने लगते हैं तो मेयर तथा उसके चमचे शोरगुल करके डॉ. स्टॉकमैन को हॉल से बाहर निकलने पर मजबूर कर देते हैं। उनके विरोधी उनको कस्बे व लोगों के विरूद्ध बताते हैं। डॉ. स्टॉकमैन सभागार से बाहर निकल जाते हैं, परंतु वह चिल्ला-चिल्लाकर चश्मों के जल के कटु सत्य को बताने से नहीं चूकते। उनके साथ उनकी पत्नी व तीन बच्चे भी सभागार से बाहर आ जाते हैं।

डॉ. बिनायक सेन का मामला भी उतना ही नाटकीय है। वह लोगों के दुश्मन नहीं हैं, चाहे छत्तीसगढ़ राज्य की पुलिस तथा न्यायपालिका के द्वारा उनका लगातार पीछा किया जाता रहा है व उन्हें कुछेक वर्ष जेल में भी बिताने पड़े हैं। वह उन दलित तथा वंचित लोगों के सच्चे मित्र हैं, जो छत्तीसगढ़ के आदिवासी क्षेत्रों में रहते है। उन इलाकों में, वह पिछले 30 वर्षों से स्वास्थ्य शिक्षा का प्रसार करते रहे हैं। इन्हीं 30 वर्षों में, वह लगभग शून्य लागत पर हज़ारों लोगों को चिकित्सा के लाभ भी देते आ रहे हैं। साथ ही, डॉ. सेन पिछले 30 वर्षों में उन्हीं लोगों के मानवाधिकारों के लिए पूर्ण ईमानदारी के साथ खड़े भी हुए हैं। उनके विचार में, स्वास्थ्य भी एक मानवाधिकार है तथा जनता द्वारा चुनी गई सरकार का दायित्व है कि वह ना केवल अपने नागरिकों को (उनकी आर्थिक स्थिति को नज़रअंदाज़ कर के) स्वास्थ्य सेवाएं प्रदान करे, बल्कि उन कारणों को भी जड़ से मिटाए जो बुरे

स्वास्थ्य, कुपोषण तथा बीमारियों को उत्पन्न करते हैं तथा जनसाधारण पर अपने दुष्प्रभाव डालते हैं। आपके समक्ष एक ऐसा डॉक्टर है, जो किसी निजी स्वार्थ के बिना वह कार्य कर रहा है, जो किसी भी ज़िम्मेदार सरकार को करना चाहिए। परंतु उसी डॉक्टर पर देशद्रोह का संगीन इल्ज़ाम लगाया गया तथा उसे "जनता का दुश्मन" बताया गया।

अत: कोई आश्चर्य नहीं कि सारे भारत के मानवाधिकार कार्यकर्ता तथा संपूर्ण विश्व की प्रतिष्ठित सामाजिक हस्तियां (जिनमें 22 नोबेल पुरस्कार विजेता भी शामिल हैं) ने डॉ. बिनायक सेन के साथ किए जा रहे दुर्व्यवहार के प्रति अपनी चिंता व्यक्ति की है। इस योग्य डॉक्टर ने कोई अपराध नहीं किया है, परंतु उन्हें अकारण ही दोषी बना दिया गया है। वह हमारी प्रशंसा तथा सम्मान के पात्र हैं, न कि हमारे द्वारा उत्पीड़न तथा बंदीकरण के।

महात्मा गांधी तथा डॉ. बिनायक सेन

मैं ने अखबारों में प्रकाशित कई लेखों का गहन अध्ययन किया है। मैं ने कई जानी-मानी पत्रिकाओं में लेखों को भी अच्छी तरह से पढ़कर इस विषय को स्टडी किया है। मैं ने सुश्री मिन्नी वैद की पुस्तक *''ए डॉक्टर टू डिफेंड''* भी पढ़ी है। मैं कई मानवाधिकार कार्यकर्ताओं से भी मिला हूं, जिनमें आदरणीय स्वामी अग्निवेश तथा कुछ विधि विशेषज्ञ भी शामिल हैं। मैं डॉ. बिनायक सेन को दी गई ग़लत सज़ा पर रिसर्चकरने के लिए काफ़ी उत्सुक था। नई दिल्ली में, 23 मार्च, 2011 को ''गांधी पीस फाउंडेशन'' के परिसर में श्री एम.जी. देवश्याम ने अपना इकत्तीसवां स्मारक भाषण दिया। वहां पर मेरी मुलाकात पी.यू.सी.एल. की एक कार्यकर्ता से हुई; उसका नाम कविता श्रीवास्तव था। मैं डॉ. इलीना सेन से भी वहीं पर मिला; वह डॉ. बिनायक सेन की धर्मपत्नी हैं। इनके अलावा, मैं भूतपूर्व जज श्री राजेंद्र सच्चर से भी मिला।

वास्तव में, मैं इस मामले में हो रही घटनाओं के बारे में जानकर काफ़ी परेशान हूं तथा देश के हालातों का अवलोकन करने के बाद काफ़ी अधिक चिंतित भी हूं। शायद न्यायपालिका में ही हमारी थोड़ी सी उम्मीद शेष है। न्यायपालिका को एक ऐसे व्यक्ति को न्याय देना है, जिसने ग़रीबों की सेवा करने का बीड़ा उठाया है। एक रोचक बात यह है कि महात्मा गांधी ने भी कुछ ऐसा ही किया था। बापू को

भी ब्रिटिश सरकार ने इसी कानून के तहत आरोपी बनाया था; आज़ाद भारत में वही सब कुछ एक नि:स्वार्थी डॉक्टर के साथ किया जा रहा है।

पाप है भंडाफोड़ करना

ऐसा प्रतीत होता है कि ग़रीब लोगों की सहायता करना या उनके पक्ष में बोलना एक पाप हो गया है, वह भी बुद्ध, कबीर तथा नानक के इस देश में। भंडाफोड़ करने वाले तथा लोगों के मित्र काफ़ी जोखिम में है। उनमें से कईयों ने हाल ही में अपने प्राण देकर भी इसका मूल्य चुकाया है। डॉ. सेन केवल अपने लिए ही न्याय पाने हेतु संघर्ष नहीं कर रहे, बल्कि वह हर उस संवेदनशील व्यक्ति के लिए संघर्षरत हैं, जो मानवधिकारों के लिए अपना स्वर ऊंचा करता है। वह जेल में भी काफ़ी दु:ख भोग चुके हैं, क्योंकि वे आजीवन कारावास की सज़ा न्यायालय से पा चुके थे। अब यह हर्ष का विषय है कि वह उस काली कोठरी के संसार से बाहर निकलकर फ्री हो कर काम कर रहे हैं।

जब कोई व्यक्ति इस बात की केवल कल्पना ही करता है कि एक ईमानदार तथा मानवता के प्रति समर्पित व्यक्ति इतनी कठिनाईयों तथा दु:खों को झेल रहा है तो उस व्यक्ति का कांप जाना स्वाभाविक ही है। शायद, अब समय है हर सोचने तथा महसूस करने वाले व्यक्ति के लिए उठ खड़ा होने की, ताकि वह अपने विचार इस योग्य डॉक्टर के पक्ष में रखे जो एक सच्चा इंसान है। अत: प्रस्तुत पुस्तक इस महान व्यक्ति के कार्य को पेश करने का प्रयास है। यह एक ऐसे इंसान के जीवन व संघर्ष का मार्मिक चित्रण करती है, जो प्रत्येक भारतीय के लिए तथा साथ ही, हरेक विश्व नागरिक के लिए भी एक रोल मॉडल बन चुके हैं।

निचले न्यायालय का निर्णय

जहां तक डॉ. बिनायक सेन के खिलाफ़ दर्ज मुकदमे का ताल्लुक है, यह इतना तुच्छ है कि यह तर्क के सामने खड़ा हो ही नहीं सकता। अब माननीय सर्वोच्च न्यायालय इस मुकदमे का फ़ैसला करेगा। तथापि यह महान मानववादी काफ़ी समय तक जेल की सलाख़ों के पीछे दु:ख भोगता रहा। डॉ. सेन को सर्वोच्च न्यायालय द्वारा ज़मानत पर रिहा किया गया है। वह इस समय स्वतंत्र हैं।

हम इस मामले की अदालती प्रकृति पर कोई टिप्पणी किए बिना इस पर चर्चा करेंगें। इस मामले के संबद्ध में कुछ शक तथा आशंकाएं ऐसी हैं, जिन पर हम विचार करेगें। ये शक तथा आशंकाएं उन पत्रकारों तथा एलीट लोगों के उन विचारों के संदर्भ में स्टडी किए जाएंगे जो उन्होंने इस विषय पर भयरहित होकर व्यक्त किए थे।

एलीट वर्ग का समर्थन

नई दिल्ली में आयोजित ''जस्टिस ऑन ट्रायल'' कार्यक्रम में मैंने भाग लिया था। यह कार्यक्रम ''फ़्री बिनायक कैंपेन'' का एक भाग था। इस कार्यक्रम को 4-6 अप्रैल 2011 के दौरान आयोजित किया गया था। यह वर्तमान समय के कलाकारों, फ़ोटोग्राफरों, फ़िल्म बनाने वालों, संगीतकारों, कार्यक्रम प्रस्तुत करने वालों तथा मानवाधिकार एक्टिविस्टों के द्वारा डॉ. बिनायक सेन का साथ देने के लिए एक असाधारण अभिव्यक्ति थी।

वास्तव में, देश का लोकतांत्रिक ढांचा डॉ. सेन के खिलाफ़ सज़ा सुनाए जाने के बाद काफ़ी तनावग्रस्त हो चुका है। इस कुलीन व निस्वार्थी डॉक्टर ने एक पिछड़े आदिवासी क्षेत्र में जनता की सेवा करने का प्रयास करके केवल अपनी आत्मा की आवाज़ को सुना व अपना धर्म निभाया है। इस महान व्यक्ति ने उन आदिवासियों की स्वस्थ व सम्मान से परिपूर्ण जीवन जीने के प्रयासों में मदद की है। यह सब डॉ. सेन ने उन आदिवासियों की कई कमियों व संसाधनों के अभाव के चलते किया है।

कष्ट में परिवार

डॉ. बिनायक सेन ने दो वर्षों से अधिक समय जेल में काटा है और हाल ही में उन्हें ज़मानत भी मिल गई है। उन्हें माननीय सर्वोच्च न्यायालय द्वारा ज़मानत दी गई है। उनकी पत्नी, श्रीमती इलीना सेन, अपने पति को न्याय दिलवाने हेतु अथक व लगातार संघर्ष कर रही हैं। उनकी दोनों पुत्रियों ने जनसाधारण को इस मामले के बारे में जागरूक बनाने के लिए प्रयास आरंभ कर दिए हैं। डॉ. सेन के दो भाईयों ने उनके इस कठिनाई के दौर में उनकी सहायता करनी शुरू कर दी है। उनके परिवार के सदस्यों के अलावा, अन्य जगहों के संवदेनशील लोग भी उनकी रक्षा

हेतु आगे आए हैं। उन्होंने उनकी रक्षा का अभियान हस्ताक्षर अभियानों तथा रैलियों का आयोजन करके चलाया है। अतः भारत के प्रत्येक नागरिक के लिए डॉ. बिनायक सेन का (मुश्किल की इस घड़ी में) साथ देना अति महत्वपूर्ण कार्य होना चाहिए। भारत के प्रत्येक नागरिक को हूमन राईट्स उनके संघर्ष को भी समझना होगा।

नया मसीहा

वह लोगों के सच्चे प्रतिनिधि हैं, विशेषतया उत्पीड़न के शिकार तथा शोषित लोगों के जो संसार भर में विद्यमान हैं। वह एक ऐसे जनसमूह के लिए प्रकाश पुंज के तौर पर अवतरित हुए हैं, जो एक पिछड़े इलाके में कष्ट भोग रहे थे, विस्थापन की धमकी का सामना कर रहे थे तथा आतंकवादियों व सरकारी सुरक्षा बलों के बीच हो रही गोलीबारी का निशाना बन रहे थे। अपनी सुरक्षा की परवाह किए बिना डॉ. सेन ने लोगों की सेवा करने का साहस किया तथा उन प्रताड़ित लोगों के कठिन जीवन के बारे में खुलकर सच्चाई का अनावरण किया।

10 अप्रैल, 2011 को मैंने पंजाबी भवन लुधियाना (पंजाब) में मानवाधिकार कार्यकर्ताओं के राज्य-स्तरीय सम्मेलन में भाग लिया। मुझे उस कार्यक्रम का सभापति बनाया गया था। उस कार्यक्रम में चर्चित मुद्दे थे डॉ. बिनायक सेन को जेल की सज़ा, माओवादी आंदोलन के संदर्भ में छत्तीसगढ़ में ज़मीनी हकीकत तथा "ऑपरेशन ग्रीन हंट।"

वहां पर तीन शोधकर्ता उपस्थित थे। उनके नाम हैं डॉ. नंदिनी सुंदर, डॉ. कमलनयन चौबे तथा डॉ. उज्जवल कुमारसिंह। इन तीनों युवा शोधकर्ताओं ने जंगल में रहने वाले लोगों के दुःखों का विवरण रेखाचित्रों द्वारा दिया। साथ ही, इन तीनों व्यक्तियों ने राज्य के बलों के द्वारा इन जंगलवासियों के अंधाधुंध उत्पीड़न का लेखा-जोखा भी उस सम्मेलन में दिया। यह उत्पीड़न इसलिए किया जा रहा है ताकि बड़े औद्योगिक समूहों को उन्नति के नाम पर छत्तीसगढ़ में लाभान्वित किया जा सके। मैं उस सम्मेलन में युवा वर्ग के भाग लेने वाले सदस्यों की संख्या देख कर हैरान हो गया था। उन युवाओं ने डॉ. सेन की रिहाई के लिए न केवल नारे लगाए, बल्कि इस बात का प्रण भी लिया कि वे एक ऐसे सामाजिक-राजनीतिक तंत्र को स्थापित करने के लिए कोई भी आहूति देने के लिए तत्पर रहेंगे, जिसमें

मानवाधिकारों का इतनी अशिष्टता से उल्लंघन न किया जाए। "जस्टिस ऑन ट्रायल," जो नई दिल्ली में आयोजित हुआ था, के दौरान भी, युवाओं की संख्या अद्भुत थी। उनकी संख्या मध्यम-आयु वर्ग के लोगों तथा वृद्ध लोगों की कुल संख्या से कहीं अधिक थी। यह वस्तुतः एक शुभ लक्षण है, क्योंकि ये युवा निश्चित रूप से हमें गंभीर अन्याय, असमानता (जो हर जगह व्याप्त है), सब जगहों पर फैले भ्रष्टाचार, राजनीतिक अवसरवाद तथा आर्थिक शोषण की इन जटिल गहराईयों से बाहर निकाल सकते हैं।

भविष्य की ओरः दुश्मन नहीं दोस्त

आइए, हम डॉ. बिनायक के जीवन व मिशन पर एक दृष्टि डालते हैं। हम उनके संघर्ष व कष्टों का भी अवलोकन करेंगे। इसके अलावा, हम इस महान इंसान की प्राप्तियों तथा भविष्य की योजनाओं की चर्चा भी करेंगे। हम एक ऐसे इंसान की सच्चे अर्थों में प्रशंसा करेंगे, जो जनता का मित्र है, उसका दुश्मन नहीं। उस महान क्रांतिकारी का शरीर, मन व भावना से साथ देने का यही एक तरीका है।

यह तो एक महान क्रांति
की शुरुआत भर है...

अध्याय 1

भारत में वर्तमान राजनीतिक परिदृश्य

आरंभ: राजनीतिक अवसरवाद

भारत को स्वतंत्रता मिलने के समय से ही याद रहे, भारत 15 अगस्त 1947 को स्वतंत्र हुआ था हमारी उन्नति की दर कम ही रही है। देश में हुई राजनीतिक गतिविधियों ने जनसाधारण में अंततः मानवद्वेष तथा मोहभंग की भावनाएं भर दी हैं। कोई भी राजनीतिक दल इस बात का दावा नहीं कर सकता कि उसकी योजनाओं, व्यवहार तथा कार्यों में आदर्श एकता, सच्चा अनुशासन तथा पूर्ण ईमानदारी हैं। राजनीतिक सौदेबाज़ी तथा खरीद-फरोख़्त हमारी राजनीति की दिनचर्या के अभिन्न अंग बन चुके हैं। 'राजनीति' एक ऐसा शब्द है, जो एक गाली के तौर पर इस्तेमाल किया जाता है। कोई भी चीज़, जिसमें घोटाले का अंदेशा होता है, 'राजनीति' करार दी जाती है। आज के दौर में, राजनीतिक नैतिकता अपने निम्नतम स्थान पर है तथा राजनीतिक समझौते सभी प्रकार के नीतिशास्त्रों को नकारते हैं।

राजनीतिक अवसरवाद भारत के अधिकांश राजनीतिक दलों का कार्यकारी सिद्धांत है। यद्यपि यह देश विश्व के सबसे बड़े लोकतंत्र का तमग़ा लगाए पिछले साठ वर्षों से विकसित रहा है, तथापि यह सर्वश्रेष्ठ लोकतंत्र किसी भी हालत में नहीं लगता। हमें तो और अधिक इच्छाएं स्वाभाविक तौर पर होंगी जब हम पूर्व या पश्चिम के पूर्णतया विकसित राष्ट्रों से अपने देश की तुलना करेंगे।

कभी-कभार, हम इस तथ्य से संतुष्टि प्राप्त करने का प्रयास करते हैं कि हमारा प्रबंधन हमारे पड़ोसी देशों की तुलना में कहीं अधिक अच्छे तरीकों से हो रहा है। यह सत्य हो सकता है क्योंकि हमारे पास एक ऐसा तंत्र है जिस ने वस्तुतः कार्य किया है तथा यह काफ़ी संख्या में मौजूद कमियों के बावजूद, यह तंत्र लगभग सफलतापूर्वक कार्यरत है। परंतु यह कोई दिलासे वाली बात नहीं है; हमें इस कटु सच्चाई का सामना करना पड़ेगा कि हम कई मोर्चों पर असफल रहे हैं और हमें इस सड़न पर रोक लगानी चाहिए। यदि यह नहीं होता है तो आने वाली पीढ़ियां हमें देश के प्रति अपने दायित्व को ना निभाने के कारण कभी क्षमा नहीं करेंगी।

घोटालों का शिकार लोकतंत्र

हमारे लोकतंत्र को क्या बीमार कर रहा है? इस प्रश्न का उत्तर ढूंढना मुश्किल नहीं है। दरअसल, हरेक समझदार भारतीय जानता है कि हमारे देश में क्या ग़लत हो चुका है। गली में चलने वाला एक आम व्यक्ति भी इस पतन के कारणों को समझता है। प्रत्येक भारतीय को यह मालूम है कि हमारे राजनेताओं का अत्यधिक स्वार्थ ही हमारे देश की वर्तमान दु:खदायी स्थिति के लिए ज़िम्मेदार है। प्रत्येक नेता राज्य की विधानसभा या संसद का चुनाव इस लिए लड़ता है ताकि उसे मंत्री पद मिल जाए। यह शक्ति से परिपूर्ण पद असीमित धन कमाने के प्रयासों में उसकी सहायता करता है। अत: इस धन-दौलत के बल पर वह अगला चुनाव जीतने में आसानी से सफल हो जाता है। वह शायद ही उस जनता की सेवा करने के लिए प्रतिबद्ध (committed) होता है जो उसे जिता कर उस पद पर भेजती है। वह अपने (मंत्री के) पोर्टफ़ोलियो के दायित्वों के बारे में ज़रा सा भी चिंतित नहीं होता। वैसे भी, यह दायित्व विभागों के नौकरशाह ही निभाते हैं क्योंकि वे लोग ही योजनाएं व नीतियां बनाते हैं।

बजट में निर्धारित धन को शायद ही सही तरीके से ख़र्च किया जाता होगा। नियमों व अधिनियमों का बेशर्मी से निरादर किया जाता है ताकि राजनेताओं व नौकरशाहों के स्वार्थों की पूर्ति की जा सके। अत: चारों तरफ़ घोटाले ही घोटाले हैं। आईए, एक नज़र कुछ प्रमुख घोटालों के नामों पर डाल ही लें राष्ट्रमंडल खेल, 2जी स्पेक्ट्रम, आदर्श हाउसिंग सोसाइटी (मुंबई) या विदेशी बैंकों में काला धन कुछ प्रमुख घोटाले हैं जो मीडिया के द्वारा उछाले गए नवीनतम मामले हैं। बड़े-बड़े नाम इन घोटालों में शामिल बताए जाते हैं केंद्रीय मंत्री, मुख्यमंत्री, राज्यों के मंत्री, सर्वोच्च पदों पर आसीन नौकरशाह, व्यवसाय की दुनिया की दिग्गज हस्तियां तथा ऐसे ही कई अन्य। आम आदमी जानता है कि इन दोषी व्यक्तियों को कोई हानि नहीं होगी, चाहे कितनी उच्चस्तरीय जांच क्यों न करवा ली जाए; यह जांच केवल आंखों में धूल झोंकने की एक प्रक्रिया मात्र है। थोड़ी सी परेशानी झेलने के बाद ये दोषी व्यक्ति साफ़ छूट जाएंगे।

साधारणतया, यह माना जाता है कि महात्मा गांधी तथा पंडित जवाहर लाल नेहरू के नेतृत्व वाला केवल एक राजनीतिक दल ही देश को स्वतंत्रता दिलाने के लिए ज़िम्मेदार था। इस बात का भी प्रचार व प्रसार किया जाता है कि हमने "साबरमती के संत" के नेतृत्व में अपनी आज़ादी कोई हिंसा किए बिना ही प्राप्त की थी। नेताजी सुभाषचंद बोस, चंद्रशेखर आज़ाद, भगत सिंह, करतार सिंह सराभा तथा कई अन्य स्वतंत्रता सेनानियों का बलिदान अक्सर उपेक्षित कर दिया जाता है।

अपनी उग्र उन्मूलनवादी गतिविधियों के द्वारा इन क्रांतिकारियों ने एक ऐसी स्थिति उत्पन्न कर दी जिस के कारण सशस्त्र बलों ने बग़ावत का बिगुल बजा दिया। अत: ब्रिटिश शासकों ने यह सोचा कि भारत में भारतीय राष्ट्रीय कांग्रेस तथा पाकिस्तान में मुस्लिम लीग को शक्ति प्रदान करना ही बुद्धिमता होगी। परंतु देश के विभाजन के कारण लोगों का ख़ून बहा; दोनों देशों में लगभग दस लाख लोगों ने उस विभीषिका में अपने प्राण गवाएं थे। शायद विश्व के किसी भी देश के द्वारा अर्जित यह सर्वाधिक रक्तरंजित स्वतंत्रता थी।

स्वतंत्र भारत में सत्ताधारी पार्टी ने अपने सामने शायद ही कोई नैतिक मापदंड रखे या बनाए थे। अत: देश की प्रशासन व्यवस्था की स्थिति दिनोंदिन बद से बदतर होती चली गई। स्वार्थी राजनेताओं ने स्वतंत्रता संग्राम में भाग लेने के लिए आकर्षक इनाम प्राप्त करने शुरू कर दिए। नि:स्वार्थ भावना तथा पिछले संघर्ष के लिए सम्मान दोनों ही ग़ायब हो गए तथा स्वार्थ ही सभी राजनेताओं के लिए दिशा प्रदान करने वाली शक्ति बन गया।

सब जगहों पर भ्रष्टाचार ही नियम बन गया तथा प्रत्येक द्वार चांदी की चाबी के द्वारा खोला जाने लगा। आने वाली सरकारों ने भी पुराने उदाहरणों का ही अनुसरण किया तथा पहले से ही प्रचलित भ्रष्टाचार की प्रथाओं में अपना योगदान दिया। पुलिस राज्य सरकारों की सशक्त भुजाओं की भूमिका निभाने लगी; केंद्र में भी पुलिस ने यही भूमिका अपना ली। चारों तरफ़ फैले भ्रष्टाचार के विरूद्ध कोई भी अपनी आवाज़ नहीं उठा पाता था। भारत में, करप्शन जीवन जीने का एक तरीका बन गया।

आज के दौर में, कोई आश्चर्य नहीं कि भ्रष्टाचार प्रत्येक क्षेत्र में अपने चरमोत्कर्ष पर है तथा सत्ताधारी राजनेता बेशर्मी की हद तक अपवित्र हैं। राष्ट्र के करोड़ों रुपए इन व्यवसाय करने वालों तथा राजनेताओं के द्वारा या तो हड़प लिए जाते हैं या विदेशों में सुरक्षित स्थानों पर रख दिए जाते हैं। यह धन देश की उन्नति हेतु प्रयोग में लाया जा सकता है। इससे अंतत: जनसाधारण को विशाल स्तर पर खुशहाली प्राप्त हो सकती है तथा साथ ही, साधारण जनता में फैली हुई निर्धनता भी दूर की जा सकती है।

परंतु बिल्ली के गले में घंटी बांधे कौन? इस हमाम में तो सब नंगे हैं।

चाहे सभी राजनीतिक दल घूस (लेने व देने) के विरूद्ध हैं, इनमें से कोई भी इस मामले में ईमानदार नहीं है। भारत के लोग इस कड़वे सत्य को भली-भांति जानते हैं। वास्तव में, उन्होंने (इस भ्रष्ट) तंत्र के साथ जीना सीख लिया है; वे स्वयं भी भ्रष्ट गतिविधियों में भाग लेने से नहीं झिझकते। इस दलदल से निकलने का कोई मार्ग नहीं है।

राजनीतिक संस्थानों का ह्रास

यदि हम विस्तृत स्तर पर बात करें तो पायेंगे कि राष्ट्रीय स्तर पर तीन शक्तियां विद्यमान हैं, जिनका विवरण निम्नलिखित है:

क) कांग्रेस के नेतृत्व में यूनाईटेड प्रॉग्रेसिव एलायंस (UPA)

ख) भारतीय जनता पार्टी के नेतृत्व में नेशनल डेमोक्रेटिक एलायंस (NDA)

ग) वामपंथी मोर्चा, जिसमें कम्युनिस्ट पार्टी ऑफ़ इंडिया–मार्क्सवादी, कम्युनिस्ट पार्टी ऑफ़ इंडिया तथा कई अन्य प्रगतिशील गठबंधन व गुट शामिल हैं (Left Front)।

क्षेत्रीय पार्टियां स्वयं को उपरोक्त किसी भी एक गठजोड़ के साथ जोड़ लेती हैं। गठबंधन के भागीदार अक्सर धमकियां देने लगते हैं। हाल ही में उजागर हुए दूरसंचार घोटाले में, जिसमें राष्ट्र को 1.70 लाख करोड़ रुपयों का नुकसान हुआ था, स्वयं प्रधानमंत्री तत्कालीन दूरसंचार मंत्री, श्री ए. राजा, के खिलाफ़ कोई कार्यवाही करने के लिए अक्षम साबित हुए थे। ऐसा इसलिए था, क्योंकि श्री ए. राजा डी. एम.के से संबद्ध भी थे। ज्ञातव्य है कि डी.एम. के. सत्ताधारी यू.पी.ए. का एक गठबंधन भागीदार है।

मौके की तलाश में भटकती हुई ए.आई.ए.डी.एम.के ने सरकार को बचाने का आश्वासन दिया। राज्यों में भी ऐसी घटनाएं घट रही हैं तथा कोई भी सरकार, जो चाहे देश के किसी भाग में क्यों न हों, यह दावा नहीं कर सकती कि वह सिद्धांतों का सख़्ती से पालन कर रही है। सांसदों व विधायकों को अक्सर घूस दी जाती है ताकि वे गिरती हुई सरकार को बचा सकें। सदन में, सभापति की उपस्थिति में करेंसी नोटों के बंडल हवा में उछाले जाते हैं, जिससे यह विदित होता है कि भारतीय संसद में कितना अधिक भ्रष्टाचार व्याप्त है। अत: हमें यह जानकर कोई आश्चर्य नहीं कि लोग पूर्णतया निराश होकर बैठ गये हैं; उन्हें कहीं से कोई उम्मीद की किरण दिखाई नहीं देती।

जैसे ही चुनाव आते हैं, धन बल व शारीरिक बल का प्रयोग समस्त राजनीतिक दलों के द्वारा बड़ी बेशर्मी के साथ किया जाता है। हाल ही में आयोजित राज्य चुनावों में, आपराधिक तत्वों से सैकड़ों करोड़ रुपये ज़ब्त किए गये; वे तत्व इस धन का उपयोग नकली वोट खरीदने के लिए करना चाहते थे।

संस्कृत भाषा में एक मुहावरा है: *यथा राजा तथा प्रजा।* भारत के लोग इस भ्रष्ट तंत्र के प्रति उदासीन (immune) हो गए हैं। आज के दौर में, वे उन्हीं नेताओं के स्वार्थी तरीकों का अनुसरण करते हैं, जिन्हें वे राज्यों की विधानसभाओं तथा संसद में चुनावों के द्वारा भेजते हैं। देश में शायद ही कोई ऐसा व्यवसाय होगा जो ईमानदारी

से चल रहा हो। काला धन विदेशी बैंकों में ही नहीं, बल्कि भारत के सभी कोनों में भी भरा पड़ा है। इसका कारण यह है कि कोई भी सौदा खाते बनाकर नहीं किया जाता।

जो कीमत चुकाई जाती है तथा जो कागज़ों पर दर्ज होती है, उन दोनों में काफ़ी बड़ा अंतर होता है। यह सब कर बचाने तथा राज्य (अथवा केंद्रीय) कोष को धोखा देने के लिए किया जाता है। मज़ेदार बात यह है कि इस सबका कोई बुरा नहीं मानता। विक्रयकर्ता, क्रयकर्ता तथा दलाल प्रसन्न हैं, क्योंकि इनमें से प्रत्येक को रिश्वत के रूप में अपना हिस्सा मिल जाता है!

कोई भी इतना देशभक्त नहीं कि वह अपने ग़रीब देश के बारे में सोचे, जिसे संरचना, विकास, सर्वशिक्षा, स्वास्थ्य सेवाओं, सुविधाजनक यात्रा, सुलभ संचार तथा कई अन्य चीज़ों के लिए धन की सख़्त आवश्यकता है। राष्ट्र की कौन परवाह करता है? देश के लगभग 6.53 करोड़ लोग ग़रीबी रेखा के नीचे रह रहे हैं। परंतु परवाह किसको है? गांवों तथा गंदी बस्तियों में रहने वाले लोगों की काफ़ी बड़ी संख्या साफ़ पेयजल से वंचित है। देश के लाखों किसानों ने आत्महत्या कर ली है। **बड़े अफसोस की बात है कि यह ट्रेंड अभी भी जारी है।**

अत्याधिक भयप्रद बात यह है कि राजनीति एक पेशा, लाभ लेने हेतु एक नौकरी तथा परिवार पर आधारित एक कार्यविधि बन चुकी है, जिसके द्वारा लाखों रुपए कमाए जा सकते हैं। एक माननीय मुख्यमंत्री जी घूस लेने के इल्ज़ाम में जेल जाने से पूर्व अपनी पत्नी को मुख्यमंत्री की कुर्सी सौंप जाते हैं। बाद में, उस पत्नी के नेतृत्व का राज्य के विधायकों के द्वारा बड़े जोशपूर्ण तरीके से समर्थन किया जाता है। एक अन्य माननीय मुख्यमंत्री महोदय इस बात को सुनिश्चित करते हैं कि उनके बाद उनका पुत्र राज्य का मुख्यमंत्री बनेगा। एक अध्ययन के अनुसार भारतीय संसद के लगभग 66 प्रतिशत युवा सदस्य इस माननीय सदन में अपने अपने माता-पिता के आर्शीवाद की बदौलत ही प्रवेश कर पाए हैं। वंश का शासन राज्यों में ही नहीं, बल्कि केंद्र में भी एक ट्रेंड (trend) बन चुका है।

नई दिल्ली के सत्ता के गलियारों में, एक विशेष परिवार का दबदबा साफ़ नज़र आता है। राजेनता बेबाक तरीके से अपना पक्ष इस मुद्दे पर रखते हैं। वे कहते हैं कि यदि एक डॉक्टर की संतान डॉक्टर बन सकती है तो एक राजनेता की संतान भी राजनेता बन सकती है। शायद वे राजनीति को एक ऐसे कौशल से परिपूर्ण पेशा मानते हैं जिसके लिए किसी तरह की शिक्षा या प्रशिक्षण की आवश्यकता नहीं है और केवल पारिवारिक वंशवाद से ही इस पेशे को अपनाया जा सकता है। साफ़ तौर पर, सामंतवादी मूल्य हमें अभी भी निर्देशित कर रहे हैं, वह भी इस तथाकथित लोकतांत्रिक व्यवस्था में!

देशभर में पिछड़ापन बहुत सारी जगहों पर तथा बहुत अधिक परिमाण में व्याप्त है। हर स्थान पर विविधताएं हैं। लोगों का विकास के नाम पर शोषण हो रहा है। वे लोग, जो जंगलों में रहते हैं तथा जिनका अपनी भूमि पर कोई लिखित रूप से अधिकार सत्यापित नहीं हुआ है, अपनी भूमि से विस्थापित किए जा रहे हैं। कॉर्पोरेट कंपनियों को उन क्षेत्रों से खनिज संपदा के दोहन करने के लिए सहायता दी जा रही है। जब लोग अपने विस्थापन की प्रक्रिया का विरोध करते हैं तो उन पर खौफ़ के भेड़िए छोड़ दिए जाते हैं। अत: उन्हें माओवादी या उनके हमदर्द बता दिया जाता है।

सरकार माओवाद व नक्सलवाद को राष्ट्रीय सुरक्षा के लिए सबसे बड़ा ख़तरा मानती है, परंतु इस समस्या की जड़ में छुपे कारणों को जानने की परवाह ही नहीं करती; न ही वह इस समस्या को ईमानदारी से सुलझाने के लिए कोई संजीदा कदम ही उठाती है। राज्य सरकार लोगों को विश्वास में लेने की बजाए बिल्कुल उल्टा कदम ही उठाती है। वे लोग ज़बर्दस्ती कैंपों में ठूंसे जा रहे हैं ताकि बड़े व्यावसायिक समूहों के लिए स्थान ख़ाली किया जा सके। उनके गाँव जलाए जाते हैं, उनकी औरतों के साथ बलात्कार किया जाता है तथा उनके युवा लड़कों को मार दिया जाता है। उन ग़रीब लोगों को माओवादी ताकत तथा राज्य के सशस्त्र बलों की ताकत दोनों का ही सामना करना पड़ता है तथा इस तरह, उन्हें डर और भूख के साये तले अति भयंकर जीवन जीना पड़ता है। छत्तीसगढ़ भारत का एक ऐसा राज्य है जिसमें मानवाधिकारों का उल्लंघन होना एक आम बात है।

हैं कुछ रणबांकुरे आज भी

सरकार या जनता में से कोई भी इस दुर्व्यवस्था के बारे में चिंता प्रकट नहीं करती। कुछेक विशिष्ट लोग, जो इन बातों की परवाह करते हैं तथा वंचित लोगों के दु:ख-दर्द को कम करने हेतु अथक प्रयास करते हैं, 'दुश्मन' की उपाधि से नवाज़े जाते हैं तथा उन पर देशद्रोह का अभियोग मढ़ दिया जता है। इस कुलीन डॉक्टर का भी यही मामला है जिन्होंने छत्तीसगढ़ के ग़रीब आदिवासियों के लिए नि:स्वार्थ भाव से कार्य करने का साहस किया है। उन्होंने उन आदिवासियों को बिना किसी लागत शिक्षा तथा स्वास्थ्य सेवाएं देने का प्रयास किया है। प्रत्येक भारतीय के लिए अपनी ज़मीर टटोलने का तथा देश के सभ्य नागरिक के तौर पर अपनी भूमिका निभाने का यह सही समय है।

डॉ. बिनायक सेन जैसे बुद्धिमान संघर्ष करने वालों को इस लिए निशाना बनाया जाता है क्योंकि वे ज़रूरतमंद तथा ग़रीब लोगों के साथ सहानुभूति रखते हैं। यह कुलीन डॉक्टर माओवादी नहीं, बल्कि एक पेशेवर चिकित्सक है। जब उन्होंने देखा कि छत्तीसगढ़ के आदिवासियों का दमन किया जा रहा था तो वह भी मानवाधिकार

कार्यकर्ता बन गए। वह हिंसा, असमानता, दमन, नकली एनकाउंटर तथा सभी प्रकार के मानवाधिकारों के उल्लंघन के सख़्त खिलाफ़ हैं। परन्तु उन्हें अदालत में उन पर लगाए गए देशद्रोह के आरोप का सामना करना है; देशद्रोह के इल्ज़ाम के कारण अदालत उन्हें पहले ही आजीवन कारावास की सज़ा सुना चुकी है। यद्यपि माननीय सर्वोच्च न्यायालय ने उन्हें ज़मानत पर रिहा कर दिया है, तथापि उनपर यह अभियोग अभी भी लगा हुआ है। वह छत्तीसगढ़ उच्च न्यायालय में अपना बचाव कर रहे हैं। छत्तीसगढ़ की राज्य सरकार उनको जेल की सलाख़ों के पीछे रखने पर आमादा है तथा वह उन्हें छत्तीसगढ़ की सीमाओं में घुसने भी नहीं देना चाहती। निचली अदालत के द्वारा की गई उनकी दोष सिद्धि का कोई भी विश्वसनीय आधार नहीं है। फिर भी, इस इंसान को आज नहीं तो कल न्याय पाने हेतु संघर्ष तो करना ही होगा।

दो अच्छी घटनाएं

हाल ही में दो घटनाओं ने भारत के सभी प्रमुख समाचार पत्रों की सुर्ख़ियां बटोर ली थीं।

प्रथम घटना थी, अन्ना हज़ारे का अभियान जिसे ''इंडिया अगेंस्ट करप्शन'' का नाम दिया गया था। इस अभियान ने सरकार को अपने घुटने टेकने पर बाध्य कर दिया था। इसके परिणामस्वरूप, सामाजिक कार्यकर्ताओं ने ''जन लोकपाल बिल'' का ड्राफ्ट तैयार कराना आरंभ कर दिया है।

दूसरी घटना थी, डा. बिनायक सेन को न्याय दिलाने हेतु भारत भर में मानवाधिकार कार्यकर्ताओं की मुहिम जो किसी एक व्यक्ति विशेष को न्याय दिलाने के स्तर से कहीं अधिक ऊंचे स्तर पर पहुंच चुकी है। इस मुहिम ने हमारी सामाजिक-राजनीतिक व्यवस्था पर एक प्रश्न-चिन्ह लगा दिया है। साथ ही, इसने हमारी न्यायिक प्रक्रियाओं पर भी सवालिया निशान लगाया है; ये प्रक्रियाएं भारतीय लोगों की उम्मीदों को पूर्ण करने के लिए शायद ही कारगर साबित हुई होंगी। मीडिया ने निश्चित रूप से एक सकारात्मक भूमिका निभाई है याद रहे कि इस भूमिका को निभाने हेतु मीडिया थोड़ा विलंब से आगे आया था, परन्तु इसने निश्चित रूप से लोगों की आकांक्षाओं के अनुरूप अपना कार्य किया है। माननीय सर्वोच्च न्यायालय के द्वारा डा. बिनायक सेन को ज़मानत पर रिहा किए जाने के साथ ही, लोगों ने न्यायपालिका के उच्च स्तरों की तरफ़ एक उम्मीद की भावना के साथ देखना शुरू कर दिया है। भारत के वर्तमान राजनीतिक माहौल के संदर्भ में, ये घटनाचक्र दिल को काफ़ी खुशी देने वाले हैं।

शायद इन सभी घटनाचक्रों का सर्वाधिक ख़ुशी प्रदान करने वाला पहलू (दोनों उपरोक्त अभियानों में) यह रहा कि इन दोनों अभियानों के दौरान युवावर्ग ने बढ़-चढ़ कर भाग लिया। डॉ. बिनायक सेन का न्याय के लिए संघर्ष जारी है तथा

उनके महान कार्य को दोषमुक्त किया जाना अभी शेष है। अतः भारत के प्रत्येक पुरूष व महिला के लिए यह समझना अति आवश्यक है कि डॉ. बिनायक सेन का संघर्ष दरअसल क्या है। वास्तव में, प्रत्येक भारतीय को राष्ट्र के एक नये नायक के आदर्शों व संघर्ष का आदर करना होगा। वह एक चिकित्सक के रूप में अपने कर्तव्यपालन के कारण तथा साथ ही, पी.यू.सी.एल के सदस्य के तौर पर मानवाधिकारों के लिए संघर्ष करने के कारण एक अंतर्राष्ट्रीय हस्ती बन चुके हैं।

भविष्य की ओरः दो महान योद्धा

श्री अन्ना हज़ारे तथा डॉ. बिनायक सेन जैसे लोगों ने इस देश के भविष्य के प्रति तथा बड़े पैमाने पर मानव जाति के प्रति हमारी आस्था को जगा दिया है।

जगी है उम्मीद ज़रा सी,
आख़िरकार...

अध्याय 2

पीपल्स यूनियन फ़ॉर सिविल लिबर्टीज़

आरंभः पब्लिक संस्था

इससे पहले हम डॉ. बिनायक सेन के मिशन व संघर्ष का गहराई से अध्ययन करें, हमें पी.यू.सी.एल. के बारे में जानना होगा, जिसकी शाखाएं भारत के लगभग सभी राज्यों में हैं। इसकी एक शाखा छत्तीसगढ़ में भी है। डॉ. सेन काफ़ी समय तक इस की छत्तीसगढ़ शाखा के महासचिव रह चुके हैं। अब वह इस संस्था के अध्यक्ष बनाए गए हैं। सुश्री सुधा भारद्वाज, जो एक वकील तथा मानवाधिकार कार्यकर्ता हैं, को महासचिव के पद के लिए चयनित किया गया है। यह एक उचित निर्णय है, क्योंकि महासचिव ऐसी सामाजिक संस्था के कार्य के साथ अधिक सक्रिय रूप से जुड़ा होता है। ऐसी संस्था नागरिक अधिकारों की रक्षा हेतु वचनबद्ध होती है। प्रभावित लोग सुश्री सुधा भारद्वाज से (वर्तमान परिस्थितियों में) अधिक आसानी से मिल सकते हैं। डॉ. बिनायक सेन ने लोगों को न केवल स्वास्थ्य सेवाएं प्रदान कीं, बल्कि उनकी उस समय भरसक सहायता की जब उनको उनके नागरिक अधिकारों से वंचित किया गया था।

अतः पी.यू.सी.एल के उद्‌गम, लक्ष्यों तथा कार्यकलापों पर एक दृष्टि डाली जानी आवश्यक है ताकि डा. बिनायक सेन के संघर्ष की उपयुक्त सराहना की जा सके।

पी.यू.सी.एल की स्थापना 23 नवंबर, 1980 को पूरे देश से आए हुए मानवाधिकार कार्यकर्ताओं के एक सम्मेलन के दौरान हुई थी। इस संस्था का संविधान पारित करके उसे स्वीकार किया गया था तथा यह सदस्यता पर आधारित संस्था बनाई गई थी। इसका लक्ष्य पूरे देश में शाखाएं स्थापित करने का था। जस्टिस वी.एम. तारकुंडे इसके अध्यक्ष तथा श्री अरुण शौरी इसके महासचिव इस स्थापना अधिवेशन के दौरान चुने गए थे। बाद में, श्री वाई.पी. छिब्बड़ इसके कार्यकारी सचिव बनाए गए थे। इस संस्था का इतिहास पंडित जवाहर लाल नेहरू की एक

पहल से संबद्ध किया जा सकता है। पंडित नेहरू ने एक विस्तृत नागरिक अधिकार संस्था का विचार प्रस्तुत किया था। उस विचार को आगे चलकर एक संस्था के रूप में परिवतर्तित किया गया, जिसका नाम रखा गया इंडियन सिविल लिबर्टीज़ यूनियन या आई.सी.एल.यू. (ICLU)। यह संस्था 24 अगस्त 1936 को स्थापित हुई। इसके प्रथम सम्मानार्थ अध्यक्ष गुरूदेव रबींद्र नाथ टैगोर थे तथा सुश्री सरोजिनी नायडू इसकी प्रथम अध्यक्षा थीं। श्री के.बी. मेनन इसके प्रथम महासचिव थे।

यह संस्था नागरिक अधिकारों का मुद्‌दा लेखों, पुस्तिकाओं तथा इश्तहारों के द्वारा लोकप्रिय बनाने के कार्य में सक्षम रही। इस आंदोलन की शक्ति स्वतंत्रता प्राप्ति के बाद क्षीण हो गई, क्योंकि कांग्रेसी नेता राज्यों व केंद्र में सरकारें बनाने में व्यस्त हो गए। इसी कारणवश, कांग्रेस कार्यकर्ताओं की भी इस आंदोलन में रूचि समाप्त हो गई।

परंतु मानवाधिकारों का विचार सारे विश्व में बलशाली होता जा रहा था। "युनाईटेड नेशंस आर्गेनाईज़ेशन" (UNO) ने एक दस्तावेज़ अपनाया। इसका नाम था ''यूनीवर्सल डेक्लेरेशन ऑफ़ ह्यूमन राईट्स (Universal Declaration of Human Rights)। इसे 10 दिसम्बर, 1948 को स्वीकार किया गया। इसमें 30 अनुच्छेद थे, जिनमें मानवों की व्यक्तिगत, सामाजिक, सांस्कृतिक, आर्थिक, धार्मिक तथा राजनीतिक मामलों में स्वतंत्रता का वर्णन दिया गया था। यह स्वतंत्रता मानवों को उनके जाति, रंग, लिंग अथवा क्षेत्र में भेदों को नज़रअंदाज करते हुए प्रदान की गई थी। इस चार्टर ने मानव परिवार के सभी सदस्यों के लिए निहित सम्मान तथा समान अधिकारों को मान्यता दी ताकि विश्व भर में स्वतंत्रता, न्याय तथा शांति सर्वेसर्वा हो सकें।

भारत में नागरिक अधिकारों के आंदोलन का अगला दौर 1968 में प्रारंभ हुआ। तब कलकत्ता (1970), हैदराबाद (1974) तथा बंबई (1977) में लोकतांत्रिक अधिकारों की रक्षा हेतु विभिन्न संस्थाओं का गठन किया गया। याद रहे कलकत्ता आज कोलकाता के नाम से जाना जाता है तथा बंबई का नया नाम मुंबई है। परंतु लोकनायक जयप्रकाश नारायण ने इस दिशा में नेतृत्व प्रदान किया जब उन्होंने एक संस्था का गठन किया। इसका नाम ''सिटीज़ंस फ़ॉर डेमोक्रेसी'' (Citizens for Democracy)। रखा गया। इसका गठन 13 अप्रैल, 1974 को किया गया। जे.पी. को इसका अध्यक्ष बनने के लिए कहा गया, जबकि जस्टिस वी.एम.तारकुंडे (सेवानिवृत) को इसका महासचिव बनाया गया। इस संस्था की प्रवृत्ति कमोबेश राजनीतिक थी। इस ने आपातकाल स्थिति लागू होने से पूर्व देश के सम्मुख आई विपदा से निपटने का लक्ष्य बनाया।

आपातकाल के संकट तथा जे.पी. की पहल

आपातकाल के दौरान कई दमनकारी तरीके अपनाए गए। सरकार ने शक्ति का प्रयोग कर के नागरिक अधिकारों का हनन किया। ऐसा शिद्दत से महसूस किया जाने लगा कि राजनीति विचारधाराओं से पूर्णतया मुक्त एक संस्था का गठन किया जाना चाहिए ताकि नागरिक अधिकारों व मानवाधिकारों की सुरक्षा की जा सके। अत: श्री जयप्रकाश नारायण ने "पीपल्स यूनियन फ़ॉर सिविल लिबर्टीज़ एंड डेमोक्रेटिक राईट्स" (People's Union for Civil Liberties and Democratic Rights, PUCLDR) की स्थापना की। यह संस्था" सिटिजंस फ़ॉर डेमोक्रेसी" की पूरक थी। सुश्री इरा सेज़ियान इसकी संयोजक नियुक्त की गई थीं। सत्रह अक्टूबर, 1976 को एक राष्ट्रीय सेमिनार आयोजित किया गया जिसमें इस संस्था को अंतिम रूप दिया गया। आचार्य जे.बी. कृपलानी ने इस सेमिनार का उद्घाटन किया। इसमें जे. पी. से संबद्ध कई लोगों ने भाग लिया।

इस सेमिनार की कार्यवाही के दौरान श्री वी.एम तारकुंडे को पी.यू.सी.एल.डी.आर. का अध्यक्ष चुना गया। श्री कृष्णकांत को इस का महासचिव चुना गया। आपातकाल समय की समाप्ति के बाद, 1977 में, जनता पार्टी जे.पी. के आर्शीवाद के कारण सत्तारूढ़ हुई। तब पी.यू.सी.एल.डी.आर. एक उदासीन संस्था बनकर रह गई, क्योंकि एक सामान्य सी भावना सर्वव्याप्त थी कि ''लक्ष्य प्राप्त किया जा चुका है।''

जे.पी. ने 8 अक्टूबर, 1979 को अंतिम सांस ली। श्रीमति इंदिरा गांधी 1980 में पुन: सत्ता में आईं। उनकी वापसी के लिए जनता पार्टी की अक्षमता तथा अंदरूनी झगड़े पूरी तरह से ज़िम्मेदार थे।

पी.यू.सी.एल. का आगमन

नागरिक स्वतंत्रता तथा मानवाधिकार दोबारा निशाने पर आ गए तथा पी.यू.सी.एल. डी.आर. को पुन: जीवित करने की आवश्यकता तीव्रता से महसूस की जाने लगी। अत: मानवाधिकार कार्यकर्ताओं का एक सम्मेलन 23 नवंबर, 1980 को आयोजित किया गया तथा उस संस्था का नाम बदल कर "पीपल्स यूनियन फ़ॉर सिविल लिबर्टीज़" (पी.यू.सी.एल.) रख दिया गया। इसे एक नया संविधान दिया गया। इस संविधान में प्रावधान रखा गया कि इसकी सदस्यता न केवल मानवाधिकार कार्यकर्ताओं को, बल्कि राजनीतिक दलों के सदस्यों को भी उपलब्ध थी। परंतु इन राजनीतिक दलों के सदस्यों की संख्या राष्ट्रीय कांउसिल या राष्ट्रीय इगज़ैकटिव

कमेटी अथवा राज्य की काउंसिलों या राज्यों की इगज़ैकटिव कमेटियों के सदस्यों की संख्या के 50 प्रतिशत से अधिक नहीं हो सकती थी। इसके अलावा, किसी एक राजनीतिक दल के सदस्यों की संख्या 10 प्रतिशत से अधिक नहीं हो सकती थी। स्थापना सम्मेलन द्वारा श्री वी.एम. तारकुंडे इसके अध्यक्ष तथा श्री अरुण शोरी इसके महासचिव बनाए गए। श्री वाई.पी. छिब्बड़ को इसका कार्यकारी सचिव बनाया गया। वर्ष 2009 से, श्री प्रभाकर सिन्हा इसके अध्यक्ष हैं तथा इसी वर्ष से श्री पुष्कर राज इसके महासचिव बनाए गए हैं।

आज के दौर में, 'पी.यू.सी.एल.' की शाखाएं लगभग सभी राज्यों में हैं, जिनके अपने स्वयं के कार्यकर्ता तथा कार्यकारी समितियाँ हैं।

डॉ. बिनायक सेन की सब से बड़ी कमी (या, यूँ कहिए कि–गुण) है कि वह पी.यू.सी.एल. की छत्तीसगढ़ शाखा के एक प्रतिबद्ध कार्यकर्ता हैं। वह उस राज्य के मानवाधिकारों के उल्लंघन से संबद्ध मामलों की तहकीकात में सक्रिय रूप से भागीदार रहे हैं। अतः एक चिकित्सक के रूप में, वह आम ग्रामीण तथा माओवादियों के हमदर्द के बीच कोई अंतर नहीं रखते, क्योंकि उनके अनुसार यह उनके पेशे की नैतिकता तथा मानव सिद्धांतों दोनों के विरुद्ध है।

वह राज्य सरकार के एजेंट बनने से इंकार करते हैं तथा अपने मरीज़ों की पहचान बताने से इंकार करते हैं। वह हिंसा प्रयोग करने के विरुद्ध हैं। वह राज्य के (सशस्त्र) बलों या आतंकवादियों के द्वारा किए जा रहे दमन के भी खिलाफ़ हैं। वह 'सल्वा जुडुम' (Salwa Judum) के द्वारा किए जा रहे अत्याचारों को सपोर्ट नहीं करते; ज्ञातव्य है कि यह संस्था छत्तीसगढ़ की राज्य सरकार द्वारा संरक्षित एक तथाकथित शांति सेना है।

एक डॉक्टर का उम्दा रिकार्ड

अब हम डॉ. सेन द्वारा किए गए अब तक के कार्यों का अध्ययन करेंगे। यह विवरण निम्नलिखित है:

(क) पी.यू.सी.एल. के एक ईमानदार सदस्य के तौर पर तथा साथ ही, इस संस्था के महासचिव के पद पर कार्यरत रह कर, उन्होंने छत्तीसगढ़ के ग़रीब आदिवासियों के लिए काफ़ी महत्वपूर्ण कार्य किया है।

(ख) डा. सेन ने हज़ारों मरीज़ों को स्वास्थ्य लाभ दिया है तथा साथ ही, उन्होंने उन लोगों की सहायता भी की है जिनके मानवाधिकारों का हनन किया गया था।

(ग) उन्होंने हमेशा व्यावसायिक सत्यनिष्ठा के साथ एक चिकित्सक का कार्य किया है। इसके साथ ही, उन्होंने गहन संवेदनशीलता के साथ नागरिक अधिकारों के एक सक्रिय प्रतिभागी के तौर पर भी कार्य किया है।

अब हम उन पर चलाए जा रहे अदालती मुकदमे की चर्चा करेंगे। **उनका असली दोष है कि वह मानव अधिकारों के मुद्दों के बारे में पूरी तरह से संजीदा हैं, जो (छत्तीसगढ़ की) राज्य सरकार को बिल्कुल भी मंज़ूर नहीं है।**

ज़िद्दी राज्य प्रशासन

छत्तीसगढ़ सरकार ने अपना कुचक्र चला कर डॉ. सेन को देशद्रोही बना दिया है तथा उस की सज़ा भी सुनाई जा चुकी है। वे लोग (सरकार व अन्य संबद्ध अधिकारी) माननीय सर्वोच्च न्यायालय के द्वारा डॉ. सेन को ज़मानत पर रिहा किए जाने पर प्रसन्न नहीं है।

अतिरिक्त एडवोकेट जनरल, श्री किशोर भादुरी, ने कहा: ''हम माननीय सर्वोच्च न्यायालय के द्वारा डॉ. सेन को ज़मानत पर रिहा किए जाने के निर्णय का सम्मान करते हैं, परंतु इसका अपील की सुनवाई पर कोई प्रभाव नहीं पड़ेगा।''

(*हिंदुस्तान टाईम्स*, 16 अप्रैल, 2011)

छत्तीसगढ़ के माननीय मुख्यमंत्री ने टिप्पणी की: ''कानून अपना रास्ता स्वयं बना लेगा, ज्यों-ज्यों यह मुकदमा (रायपुर) हाईकोर्ट में चलेगा। हम लोकतंत्र की रक्षा तथा माओवादी समस्या के खिलाफ़ लड़ने की नीति के प्रति वचनबद्ध रहेंगे।''

(*हिंदुस्तान टाईम्स*, 16 अप्रैल, 2011)

ज़ाहिर है कि पी.यू.सी.एल. के साथ डॉ. सेन के संबंध उनके न्याय प्राप्त करने हेतु संघर्ष को लंबा कर देंगे, चाहे उनको सारे भारतीय राष्ट्र तथा सारे विश्व से समर्थन ही क्यों न मिल रहा हो।

पी.यू.सी.एल. का कार्य

पी.यू.सी.एल. की पुनः संरचना ने इसको सदस्यता पर आधारित संस्था बना दिया, न कि कुछ संवेदनशील बुद्धिजीवियों का एक समूह। इस कदम के कारण राजनीतिक दलों के सदस्यों का कुछ निश्चित सीमा तक इस संस्था में प्रवेश पाना संभव हो गया। परंतु इस संस्था ने फिर भी अपना ग़ैर-राजनीतिक चरित्र नहीं खोया।

इस संस्था ने अब अपनी गतिविधियों में काफ़ी विस्तार कर लिया है। इसने विभिन्न राज्यों में अपनी शाखाएं खोली हैं। इसके सारे भारतवर्ष में मानवाधिकारों के उल्लंघन के विरुद्ध जनमत का संग्रह किया है। ''फ़्री बिनायक सेन कैंपेन'' (Free Binayak Sen Campaign) अधिकतर पी.यू.सी.एल. के सदस्यों द्वारा ही आयोजित की गई थी, चाहे उसमें सारे देश के अन्य मानवाधिकार प्रतिभागियों का भी काफ़ी योगदान रहा है। यहां तक कि ''इंडिया अगेंस्ट करप्शन'' (India Against Corruption) नामक अभियान, जो श्री अन्ना हज़ारे द्वारा निर्देशित किया गया था, का पी.यू.सी. एल. के द्वारा ज़ोर-शोर से समर्थन किया गया था। पी.यू.सी.एल. के सदस्य इस राष्ट्रव्यापी आंदोलन के सारे कार्यकाल के दौरान अग्रभाग में रहे थे।

पी.यू.सी.एल. के मुख्य कार्य क्षेत्र निम्नलिखित हैं:

(क) नागरिक अधिकारों की सुरक्षा हेतु एक अच्छा वातावरण बनाने के लिए व देश में जनता के कल्याण के लिए आम राय का गठन करना।

(ख) मानवाधिकारों के हनन से संबद्ध घटनाओं जो उन घटनाओं के शिकार लोगों, प्रेस तंत्र के सदस्यों, पी.यू.सी.एल. के किसी सदस्य या किसी संबद्ध व्यक्ति के द्वारा जानकारी में लाई गई हों का गहन अन्वेषण करना।

(ग) *पी.यू.सी.एल. बुलेटन* में इन अन्वेषणों को प्रकाशित करना तथा फिर उनको प्रेस में भेजना, अथवा उनको किसी अन्य तरीके से सार्वजनिक करना जैसे कि जनता की बैठकें इत्यादि। कई रिपोटर्स अलग से, दस्तावेज़ों के रूप में भी छपवाए जाते हैं।

(घ) इस शोध (research) के आधार पर, या वैसे भी, अदालतों में मामले दर्ज करवाना।

आज के दौर में, डॉ. बिनायक सेन इन्हीं कार्यों में पूर्णरूपेण व्यस्त हैं। इसके अलावा, वह कई मरीज़ों की बीमारियों का इलाज कर रहे हैं व कई अन्यों को स्वास्थ्य के संबद्ध सलाह भी दे रहे हैं। वह किसी भी राजनीतिक गुट के सदस्य नहीं हैं। वह माओवादी गतिविधियों से नहीं जुड़े हैं। उनके लिए, स्वास्थ्य भी एक मानवाधिकार है तथा किसी भी सरकार के लिए अनिवार्य है कि वह ऐसी परिस्थितियाँ उत्पन्न करे, जिनमें रहकर इसके नागरिक स्वस्थ जीवन जी सकें। वास्तव में, वह एक देवता हैं, जिनको ग़लत संदर्भ में देखा जा रहा है।

यह एक प्रसन्नता का विषय है कि पी.यू.सी.एल., जिसके कार्यक्रम इस कुलीन डॉक्टर के द्वारा चलाए गए थे, ने उनको भले ढंग से स्वीकार किया है। इस

संस्था का प्रत्येक सदस्य उनके न्याय तथा मानव कल्याण हेतु किए जा रहे संघर्ष में मज़बूती से उनका साथ दे रहा है।

पी.यू.सी.एल. के विचार

माओवादियों द्वारा प्रभावित क्षेत्रों की स्थिति पर चर्चा करते हुए श्री महीपाल सिंह, जो पी.यू.सी.एल. के महासचिव हैं, ने कहा: ''देश में बहुराष्ट्रीय कंपनियों (MNC_3) के आगमन के साथ, केंद्रीय सरकार ने विशेष आर्थिक क्षेत्रों (Special Economic Zones or SEZs) की स्थापना करने की नीति का ऐलान कर दिया। इस नीति का लक्ष्य बहुराष्ट्रीय कंपनियों को प्रोत्साहन (incentives) तथा सुविधाएं देना था ताकि वे भारत में अपने व्यवसाय शुरू कर इसकी खनिज संपदा का दोहन कर सकें। यह ज़ाहिर बात थी कि यह कदम उन कंपनियों के अधिकतर हितों की रक्षा हेतु ही उठाया गया था (साथ ही राजनेताओं को लाभ देने हेतु भी इस कदम को उठाया गया था, यदि मधु कोडा के उदाहरण का संदर्भ लिया जाए, जिनसे 4,000 करोड़ रुपयों का बिना लेखा-जोखा का धन ज़ब्त हुआ है, यदि हमारे माननीय पाठक कृपया याद कर पायें)। यह कदम उन लोगों को किसी भी प्रकार का लाभ पहुंचाने के लिए नहीं उठाया गया था, जो उन स्पेशल इकोनॉमिक ज़ोंस (SEZs) में भूमि तथा अन्य संसाधनों के स्वामी हैं। विभिन्न राज्य सरकारों ने उनकी भूमि को हड़पना शुरू किया, जिसका मुख्य रूप से छत्तीसगढ़, झारखंड, उड़ीसा, आंध्रप्रदेश आदि राज्यों के आदिवासी क्षेत्रों में काफ़ी कम मूल्यों पर अधिग्रहण किया जा रहा था। यह भूमि बहुराष्ट्रीय कंपनियों (MNCs) को आवंटित होनी थी। इस कदम ने लोगों से उनकी भूमि ही नहीं छीन ली, बल्कि उनका जीवनयापन करने का एकमात्र सहारा भी छीन लिया। अत: इस कदम का विरोध करने हेतु लोग उठ खड़े हुए। परंतु उन क्षेत्रों की सबसे निर्धन आदिवासी जनता की जायज़ शिकायतों को सुनने की बजाए केंद्रीय सरकार तथा साथ ही, राज्यों की सरकारों ने एक दमनकारी नीति अपना ली। इस नीति का नाम दिखावे के तौर पर ''आपरेशन ग्रीन हंट'' रखा गया। ऐसा इस लिए किया गया ताकि यह माओवादियों के विरुद्ध एक अभियान प्रतीत हो। दरअसल, यह अभियान आदिवासी जनता के विरुद्ध था। उन आदिवासियों के मध्य कार्यरत मानवाधिकार प्रतिभागियों, जो उन आदिवासियों की शिक्षा, स्वास्थ्य सेवाओं आदि पर कार्य कर रहे थे, को निशाना बनाया गया। डॉ. बिनायक सेन एक मानवाधिकार

प्रतिभागी तथा एक प्रतिष्ठित डॉक्टर भी हैं, जो उन क्षेत्रों में पिछले 25 वर्षों से अपनी स्वास्थ्य सेवाएं देते आ रहे थे। उनकी गिरफ़्तारी शासन के द्वारा उन लोगों के विरुद्ध युद्ध आरंभ करने का ऐलान था जिन्होंने इन आदिवासियों के जीवन, आज़ादी तथा अधिकारों के लिए अपनी आवाज़ उठाई थी..."

डॉ. सेन पर इल्ज़ाम लगाने की यह कार्यवाही (indictment) वास्तव में पी.यू.सी.एल. पर इल्ज़ाम लगाने जैसा ही है, जिसे सरकार द्वारा दायर किए गए अनेक अभियोग पत्रों में से एक में "माओवादियों की अग्रणी संस्था" के नाम से संबोधित किया गया। कोई भी व्यक्ति (या संस्था), जो आदिवासियों के हितों के लिए आगे आता है, उसे 'माओवादियों का हमदर्द" का नाम दे दिया जाता है, जैसा कि डॉ. बिनायक सेन के मामले में हुआ। इस योग्य चिकित्सक पर देशद्रोह का इल्ज़ाम लगाया गया है। पी.यू.सी.एल. एक ग़ैर-राजनीतिक संस्था है, जो किसी भी व्यक्ति, राजनीतिक दल या शासन के द्वारा की गई हिंसा का समर्थन नहीं करती। यह नागरिक अधिकारों की रक्षा हेतु लड़ती है, पर सरकार को ख़तरे की गंध उसी समय मिल जाती है, जब कोई सच्चा पी.यू.सी.एल. कार्यकर्ता मानवाधिकारों के उल्लंघन होने का विरोध करता है।

श्री महिपाल सिंह के अनुसार, "शासन मानवाधिकारों की प्रतिरक्षा करने वाले लोगों के प्रति और अधिक क्रूर होती जा रही हैं; यही लोग जनता के अधिकारों की (सही अर्थों में) पैरवी करते हैं। सरकार उचित शासन को सुनिश्चित करने हेतु इन लोगों को मददगारों के तौर पर नहीं देखती (जो कानून के मुताबिक तथा लोकतांत्रिक तरीकों से कार्य कर रहे हैं), बल्कि वह इनके प्रति एक दुश्मनी वाला रवैया अपनाती है। भारतीय संविधान इन्हीं लोकतांत्रिक सिद्धांतों के लिए वचनबद्ध है। ऐसा ग़लत रवैया अपनाकर शासन की मशीनरी इन मानवाधिकार रक्षकों को परेशान, गिरफ़्तार, प्रताड़ित तथा, यहां तक कि, क़त्ल भी कर देता है। डॉ. बिनायक सेन की गिरफ़्तारी इसी प्रवृत्ति का एक उदाहरण है। यह एक ऐसा देश हैं जिस में मानवाधिकार रक्षक, लोगों के अधिकारों हेतु का कार्य करते हैं। परंतु वे भी सुरक्षित नहीं है तथा शासन के द्वारा निशाना बनाए जाते हैं। ऐसी स्थिति में आम नागरिकों के अधिकार कैसे सुरक्षित रखे जा सकते हैं?"

लोगों की आवाज़

वास्तव में, पी.यू.सी.एल. लोगों की आवाज़ है तथा डॉ. बिनायक सेन ने बिना किसी भय के अपनी आवाज़ उठाने का प्रयास किया है। इस से राज्य सरकार को काफ़ी

कष्ट हुआ है। उनके माओवादियों से तथाकथित संबंध, वस्तुतः उन लोगों के साथ संबंध है, जिनसे वह अपनी स्वास्थ्य सेवा से संबंधित प्रक्रियाओं के दौरान मिलते हैं। उन्होंने स्वयं का तादात्म्य इन लोगों के साथ स्थापित कर लिया है। वह इन लोगों की झोंपड़ियों में जाते हैं, उनके साथ खाना खाते हैं तथा उनके साथ समय भी बिताते हैं। वह उनकी समस्याओं को समझने का प्रयास करते हैं तथा उनकी पीड़ा को कम करने की भरसक कोशिश करते हैं।

वह राहुल गांधी नहीं हैं, जो किसी दलित के घर में एक दिन के लिए रह जाएंगे ताकि उनको राजनीतिक लाभ (political mileage) हेतु थोड़ी सी मीडिया की पब्लिसिटी मिल जाए। वह मानवता के सच्चे कार्यकर्ता हैं, जो पिछले 30 वर्षों से ग़रीब आदिवासियों की सहायता कर रहे हैं। वास्तव में, वह उस क्षेत्र के लोगों के मसीहा बन चुके हैं।

लोग उनके वापस लौटने की प्रतीक्षा कर रहे हैं और यह छत्तीसगढ़ सरकार उनके राज्य में आगमन पर प्रतिबंध लगाने की योजना बना रही है। उनकी नज़रबंदी के ख़िलाफ़ संसार भर में स्वाभाविक विरोध प्रदर्शन इस बात की ओर इंगित करता है कि आम लोग छत्तीसगढ़ सरकार की दमनकारी नीति का अनुमोदन नहीं करते; यहाँ तक कि वे किसी भी देश की दमनकारी नीति को स्वीकृति नहीं देते। इसके बावजूद, वह कारागार में दो वर्षों तक बिना किसी ग़लती के बदले में पीड़ा झेलते रहे तथा उन्हें एकांत कारावास में भी रखा गया। फिर भी, वह जेल में अन्य साथी कैदियों से मिलने के लिए उत्सुक थे।

भविष्य की ओरः डॉक्टर का बयान

जब उनके रायपुर जेल से रिहा होने के बाद उनसे संकटग्रस्त क्षेत्रों की समस्याओं के समाधान के बारे में पूछा गया तो डॉ. सेन ने शांतिपूर्वक कहा, ''राजनीतिक प्रक्रिया अवश्य ही होनी चाहिए तथा सेना का एजेंडा बंद हो जाना चाहिए।'' (*हिंदुस्तान टाईम्स*, 19 अप्रैल, 2011)

'पी.यू.सी.एल.' पिछले 30 वर्षों से अस्तित्व में है। यह देश की सबसे बड़ी नागरिक अधिकार संस्था है। इसने मानवाधिकारों की सुरक्षा हेतु सराहनीय कार्य किया है। डॉ. बिनायक सेन पी.यू.सी.एल. के एक सच्चे सैनिक हैं, जिन्होंने न्याय व शांति के लिए दृढ़प्रतिज्ञ होकर युद्ध किया है। यद्यपि उन्होंने इसके लिए बहुत भारी मूल्य चुकाया है, तथापि वह पीड़ाग्रस्त मानवता के लिए निश्चित रूप से आशा का चिन्ह बनकर उभरे हैं।

रायपुर सेंट्रल जेल से अपनी रिहाई के 24 घंटों से भी कम समय में, डॉ. बिनायक सेन ने पी.यू.सी.एल. के प्रति अपनी वचनबद्धता को दोहराया, जब आपने एक प्रश्न के उत्तर में कहा: "पहले मुझे अपने जीवन को ऑर्गेनाईज़ करने की आवश्यकता है। मुझे एक कार्य योजना बनानी है तथा मैं स्वयं को पी.यू.सी.एल. के एक सदस्य के तौर पर अर्पित कर दूंगा।"

(*हिंदुस्तान टाईम्स*, 20 अप्रैल, 2011)

नागरिक स्वतंत्रता का अभाव,
अर्थात् लोकतंत्र का सर्वनाश!

अध्याय 3

चुनी एक मुश्किल डगर

आरंभ: एक चुनौतीपूर्ण पथ का चुनाव

अपनी महान कृति "बीइंग एंड नथिंगनेस" *(Being and Nothingness)* में, जीयाँ पॉल सार्त्रे, जो कि बीसवीं शताब्दी के एक अस्तित्ववादी *(existential)* दार्शनिक तथा नाटककार थे, मानव के जीवन में चुनाव की भूमिका की चर्चा करते हैं। हम अपने माता-पिता व जन्म स्थल का चुनाव नहीं कर सकते। नन्हें शिशुओं के तौर पर, हम अपनी मर्ज़ी नहीं चला सकते तथा अपने माता-पिता या गार्जियनों पर निर्भर रहते हैं। एक स्थिति आती है जब हम चुनाव कर सकते हैं जो हमारे भविष्य का निर्धारण करता है तथा हमें जीवन को एक विशिष्ट ढंग से जीने के लिए बाध्य करता है। भारत में, हम अपने माता-पिता या बुज़ुर्गों पर काफ़ी ज़्यादा समय के लिए निर्भर करते हैं। कभी-कभी तो हम जीवन भर उन पर आश्रित रहते हैं। युवा बिनायक सेन के लिए भी स्थिति कुछ भिन्न नहीं थी जहां तक अपने लिए एक जीवन वृत्त *(career)* चुनने का प्रश्न था।

उनके पिता एक डॉक्टर थे तथा (युवा) बिनायक की मेडिसिन में रुचि उनके पिता के कहने पर बढ़ी। उनके पिता ने उनको सलाह दी कि वह क्रिश्चियन मेडिकल कॉलेज (वेल्लोर) में दाख़िले के लिए प्रवेश परीक्षा दें। यह भारत में चिकित्सा अध्ययन की एक अति प्रतिष्ठित संस्था है। बिनायक सेन परीक्षा में बैठे तथा उनको सी.एम.सी (वेल्लोर) में दाखिला मिल गया क्योंकि वह वास्तव में एक प्रतिभाशाली छात्र थे। आपने अपनी एम.बी.बी.एस. डिग्री डिस्टिंक्शन के साथ अर्जित की तथा फिर, उन्हें उसी संस्था में स्नातकोत्तर शिक्षा हेतु पुन: दाख़िला मिल गया ताकि वह बच्चों के चिकित्सा विज्ञान में एम.डी. की डिग्री हासिल कर सकें।

इसी समय के दौरान, आपका विवाह इलीना के साथ कलकत्ता में हो गया। तत्पश्चात् वह 1973 में अपनी एम.डी. की डिग्री पूरी करने के लिए वेल्लोर वापस आ गए। ऐसे कितने उच्च शिक्षा प्राप्त डॉक्टर भारत में होंगे जो छत्तीसगढ़ के एक पिछड़े इलाके में आदिवासियों की सेवा करने का कार्य चुनेंगे? ऐसे स्थान पर, जहां कोई भी अस्पताल, सुविधाएं या मदद उपलब्ध नहीं है, कार्य करना एक चुनौती है जिसे कोई भी मध्यमवर्गीय डॉक्टर स्वीकार करना पसंद नहीं करेगा। मानव के जीवन की ऐसी ही स्थिति में ही चुनाव का प्रश्न सर्वाधिक महत्वपूर्ण हो जाता है। डॉ. बिनायक सेन ने अपनी चुनाव की आज़ादी का इस्तेमाल किया तथा छत्तीसगढ़ के दूर-दराज़ अविकसित गांवों में कार्य करने का निर्णय लिया। अतः उन्होंने एक ऐसा जीवन जीने का निर्णय लिया जिस में वह ग़रीबों तथा वंचित लोगों की सहायता करने वाले थे। यह वस्तुतः एक चैतन्य चुनाव था, जो उन्होंने किया। **आपने ऐसा लाभ अर्जित करने हेतु नहीं, बल्कि पूरी तरह से एक ऐसे मकसद के प्रति अपनी निष्ठा के कारण किया, जो उनको अति प्रिय था।**

कमिटमेंट के कारण

इस हैरतअंगेज़ कमिटमेंट के पीछे छिपे हुए कारणों को जान पाना भी कोई कठिन कार्य नहीं है। संसार के अधिकांश, तथा भारत में तो सामान्यतः अधिक स्तरों पर, लोग ट्रडीशनल होते हैं। वे इतने संवेदनशील नहीं होते कि वे दूसरों की समस्याओं में स्वयं को शामिल कर सकें। वे उन सब लोगों को नजरअंदाज़ कर देते हैं जिनका उनके साथ कोई संबंध नहीं होता। वे दूसरों की ग़रीबी, समस्याओं या दुःखों की परवाह नहीं करते। परंतु कुछेक लोग ऐसे होते हैं वे संख्या में बहुत ही कम होंगे जो दूसरों की व्यथाओं के प्रति अति संवेदनशील होते हैं। बुद्ध, ईसा मसीह, कबीर या नानक बहुत ही दुर्लभ हो सकते हैं, परंतु गांधी, मार्टिन लूथर किंग, नेल्सन मंडेला या मदर टेरेसा आज के आधुनिक समय में भी देखे जा सकते हैं। उनके जैसे लोग संसार में किसी भी स्थान पर लोगों के लिए कार्य करते हुए देखे जा सकते हैं। ऐसे लोगों के अभाव में मानव समाज जीवित नहीं रह पाता तथा मानव जाति का भविष्य अंधकारमय होता। अतः इस बात में कोई आश्चर्य नहीं कि बिनायक सेन जैसे लोग मौजूद हैं, जो जीवन के कठिन मार्ग पर चलने की हिम्मत रखते हैं। उनका मार्ग किसी भी सुख-सुविधा से पूर्ण नहीं है। डॉ. सेन जैसे लोग परिणामों की परवाह किए बिना धारा के विरुद्ध चलते हैं। वे अपने लक्ष्यों की प्राप्ति हेतु सख़्त संघर्ष करते हैं। डॉ. सेन की ग़रीब व वंचित

लोगों के प्रति अत्याधिक संवेदनशीलता तथा गहन चिंता ने एक सशक्त प्रतिबद्धता व चैतन्य चुनाव की तरफ़ उनको अग्रसर किया। वह चुनाव था **छत्तीसगढ़ के सब से पिछड़े हुए क्षेत्रों में रहना व कार्य करना!**

उनकी शिक्षा, प्रशिक्षण या पारिवारिक पृष्ठभूमि भी उनके इस संकल्प के लिए ज़िम्मेदार थे। सी.एम.सी. (वेल्लोर) के एक चिकित्सा छात्र के तौर पर, वह अपने अध्यापकों व साथियों से काफ़ी अधिक प्रभावित हुए थे। चिकित्सा के क्षेत्र में शैक्षणिक व व्यावहारिक कार्य करने के अलावा, आपने छात्र गतिविधियों में भी सक्रिय रूप से भाग लिया। आपने कई सम्मेलनों में भी भाग लिया। आपने काफ़ी अध्ययन किया तथा भारत में हो रही राजनीतिक घटनाओं का भी अवलोकन किया।

नक्सलवादियों का आगमन

यहाँ हम यह याद दिलाना चाहते हैं कि नक्सली आंदोलन बंगाल में पिछली सदी के साठ के दशक में आरंभ हुआ था। चूंकि डॉ सेन स्वयं एक बंगाली थे, आपने इन आमूल परिवर्तनवादियों के संघर्ष के (अच्छे व बुरे) उतार-चढ़ावों का गहन अध्ययन किया था। ये आमूल परिवर्तनवादी एक ऐसी सामाजिक-आर्थिक व सामाजिक-राजनीतिक व्यवस्था के लिए संघर्षरत हैं, जो समानता व न्याय पर आधारित होगा। इस प्रक्रिया में, डॉ सेन अपने विचारों में काफ़ी प्रगतिशील हो गए। परंतु वह किसी भी पार्टी के सदस्य नहीं बने; न ही उन्होंने किसी भी क्रांतिकारी आंदोलन के साथ खुद को जोड़ा।

एक प्रतिभाशाली मेडिकल छात्र

डॉ. डी. ज़कारियाह सी.एम.सी. (वेल्लोर) के मानव शरीर विज्ञान के विभाग के प्रमुख थे। आप डॉ. सेन को एक वामपंथी तथा समाजवादी युवक के तौर पर याद करते हैं, जो वाद-विवाद के दौरान अति विवेचनात्मक प्रश्न पूछा करते थे। डॉ. जैकब जॉन, जो बच्चों की चिकित्सा के विभाग के अध्यक्ष थे, डॉ. सेन को एक बढ़िया कार्य करने वाले व्यक्ति के रूप में याद करते हैं व उनको एक बेस्ट स्टूडेंट का दर्जा देते हैं। डॉ. ज़कारियाह बिनायक सेन का तादात्म्य जयप्रकाश नारायण के साथ स्थापित करते हैं तथा यह महसूस करते हैं कि वह लोगों के एक (बड़े) आंदोलन की अध्यक्षता भी कर सकते हैं। अपने एम.डी. के शोध प्रबंध को पूरा करने के लिए, डॉ. सेन ने बच्चों में ग़रीबी के कारण उत्पन्न हुए कुपोषण पर कार्य

किया। आपने अपने अध्यापकों तथा परीक्षा लेने वाले लोगों को अपनी सामाजिक चिंता के कारण काफ़ी प्रभावित किया। सी.एम.सी. (वेल्लोर) में, अध्यापक अपने छात्रों में सामाजिक संचेतना का संचार करने का प्रयास करते हैं तथा बिनायक सेन जैसे संवेदनशील छात्र ने इस संचेतना को सर्वाधिक मात्रा में ग्रहण किया। बाद में, आपने इसी सोशल अवेयरनेस को प्रेक्टिकल रूप दिया।

सी.एम. सी. (वेल्लोर) में युवा बिनायक सेन पर एक अन्य महत्वपूर्ण प्रभाव पड़ा। वह था डॉ. सारा भट्टाचारजी के साथ उनकी अंतः क्रिया। डॉ. भट्टाचारजी फ़ैमिली मेडिसिन के क्षेत्र में कार्यरत थीं तथा (सी.एम.सी. में) "लो कॉस्ट इफेक्टिव यूनिट" (LCEU) की प्रभारी भी थीं। डॉ. भट्टाचारजी ने स्टूडेंट्स क्रिश्चियन मूवमेंट के साथ भी कार्य किया था, जो चर्चाओं तथा सेमिनारों का आयोजन करती थी तथा कम्युनिटी सर्विस के कार्यों में भाग लेती थी। इस संस्था की सदस्यता केवल ईसाईयों के लिए ही थी, परंतु बिनायक सेन को इसकी बैठकों में एक सहयोगी सदस्य के तौर पर भाग लेने की अनुमति दी गई थी। वह इन बैठकों के दौरान अक्सर अस्तित्ववादी मुद्दों पर प्रश्न उठाया करते थे तथा ऐसे प्रश्न पूछा करते थे जो लोगों को चौंका देते थे। एक तरीके से, वह जीवन के प्रति असाधारण थे। उनका छत्तीसगढ़ के पिछड़े क्षेत्रों में किया गया कार्य यह दर्शाता है कि वह एल.सी.ई.सी.यू. में किये जा रहे कार्य से प्रभावित थे। डॉ. सारा भट्टाचारजी युवा चिकित्सा छात्र बिनायक सेन के लिए एक रोल मॉडल प्रतीत होती हैं। मिन्नी वैद ने उनको कुछ इस तरह से वर्णित किया है: "वह (डॉ. सारा भट्टाचारजी) एक और प्रोफेशनल हैं, जिन्होंने एक ऐसा पथ चुना जिस पर अधिक लोगों ने यात्रा नहीं की थी तथा इन्होंने अपने जीवन के 30 साल ग़रीब लोगों को निःशुल्क या काफ़ी कम मूल्य पर उच्च गुणवत्ता वाली चिकित्सा प्रदान करने में लगा दिए।" *(A Doctor to Defend,* pp. *76)*

एक मुश्किल राह का चुनाव

डॉ. बिनायक सेन ने यही सब कुछ छत्तीसगढ़ के ग़रीबी से त्रस्त लोगों के लिए किया। आपने भी कठिन मार्ग चुना, जैसा डॉ. सारा भट्टाचारजी ने चुना था। आपने एक मानवाधिकार का आयाम अपने स्वास्थ्य देखभाल के कार्य में सम्मिलित कर दिया। आपने डॉ. सारा भट्टाचारजी के द्वारा किए गए चुनाव की अवश्य ही प्रशंसा की होगी तथा अपने पथ का चयन करने के समय पर सुश्री भट्टाचारजी से भी एक व्यवहारिक

माप-दंड लिया होगा। मिन्नी वैद कहती हैं कि वह (डॉ. सारा) शर्मिंदा हैं कि वह बिनायक सेन जैसा व्यक्ति नहीं बन सकतीं। अतः हम उनके विचारों को यहाँ पर पेश करते हैं, "हममें से बहुत सारे लोग, जो स्वास्थ्य के क्षेत्र में कार्य करते हैं, ऐसे कई लोगों की सहायता करते हैं, जो बीमार, हाशिए पर रखे गए या ग़रीब हैं। परंतु जब हमारी तकलीफ़ बहुत अधिक बढ़ जाती है, हम तेज़ी से पीछे चले जाते हैं।" (*ibid*, pp.77)

ज़ाहिर है कि डॉ. बिनायक सेन ने काफ़ी अधिक मुश्किलों के बावजूद कभी भी पीछे मुड़कर नहीं देखा तथा अपने मन में अपने चैतन्य चुनाव को लगातार बनाए रखा। आपने इस चुनाव का प्रयोग उन लोगों को स्वास्थ्य सेवाएं प्रदान करने हेतु किया जो ग़रीब थे तथा अपने मानवाधिकारों की प्राप्ति हेतु संघर्षरत थे।

बिनायक सेन कई तरीकों से एक सक्रिय छात्र थे। आपने अपने चिकित्सा अध्ययन को पूरी संजीदगी से लिया। आपने सांस्कृतिक कार्यक्रमों जैसे कि रंगमंच पर नाटकों का मंचन में भाग लिया। आपने सेमिनारों व चर्चाओं में भी भाग लिया। आपने कई शोध परियोजनाओं पर कार्य भी किया। आपने अपने साथी छात्रों के साथ मित्रतापूर्ण अंतः क्रियायें कीं। चूंकि उनकी कक्षा के छात्रों की संख्या 60 से अधिक नहीं थी, आपने अपने सभी (कक्षा के) साथियों के साथ इंटीमेट संबंध स्थापित किए। वह अपने अध्यापकों द्वारा पसंद किए जाते थे, चाहे वह अपने असाधारण विचार तथा मत प्रकट करने से कभी भी संकोच नहीं करते थे। आपने किसी भी पक्ष से आई किसी भी विरोधी रिएक्शन की परवाह नहीं की। आपका वामपंथियों के प्रति झुकाव तथा प्रगतिशील मत सर्वविदित थे, परंतु आपने अपने विचारों व विश्वास को कभी भी बढ़ा-चढ़ा कर प्रचारित नहीं किया। इसके विपरीत, वह अपने विचारों व विश्वास पर शांतिपूर्वक दृढ़ बने रहे।

डॉ. ज़करियाह, डॉ. सेन को "एक प्रकार का बुद्धिजीवी विद्रोही" मानते थे। वास्तव में बिनायक सेन चिकित्सा क्षेत्र के सामाजिक आयाम को सी.एम. सी. (वेल्लोर) में ही समझ पाए। आपने जाना कि कैसे ईसाई मत हमारे समाज के ग़रीब तथा वंचित लोगों के प्रति चिंतित था; यह भी उन्हें सी.एम.सी. (वेल्लोर) में ही पता लगा। उनके छात्र काल के अनुभव ने जीवन में एक कार्य मार्ग नियोजित करने में उनकी बड़ी मदद की। इस अनुभव ने उनकी एक प्रेक्टिकल काम करने का ढंग चुनने में भी मदद की, जो उनकी एक डॉक्टर के तौर पर शिक्षा व प्रशिक्षण को उचित ठहरा सके तथा उनके अपनी सोच के मुताबिक उनको अपना जीवन जीने के काबिल बनाए। आपने यह सब उन पिछड़े आदिवासियों की सेवा करने हेतु किया, जिनके पास

स्वास्थ्य रक्षा की सुविधाएं नहीं थीं। इन आदिवासियों के पास इतने संसाधन भी नहीं थे कि वे दूर-दराज़ इलाकों में जाकर चिकित्सा की सेवाएं प्राप्त कर पाते।

परिवार ने दिया सहारा

जब डॉ. बिनायक सेन ने कम विकसित क्षेत्र में काम करने का अजीब फैसला निर्णय लिया तो वह एक शादीशुदा व्यक्ति बन चुके थे। आम मामलों में, कोई भी व्यक्ति इस तरह के कार्य का चुनाव नहीं करेगा, जिस से उसका पारिवारिक जीवन अस्तव्यस्त हो जाए। चूँकि एक डॉक्टर काफ़ी व्यस्त रहता है, उसका परिवार परेशानियों का शिकार होता है, क्योंकि वह अपने परिवार पर ध्यान नहीं दे पाता। सामान्य तौर पर, भारत के डॉक्टर ऐसी लड़की के साथ शादी करना पसंद करते हैं, जो स्वयं डॉक्टर हो। यह डॉक्टर पत्नियाँ चिकित्सा के पेशे की समस्याओं तथा बाध्यताओं को भलीभांति समझ सकती हैं। किसी भी हालत में, एक डॉक्टर का जीवन आराम से भरा नहीं होता, यदि हम इसकी किसी अन्य पेशेवर के जीवन के साथ तुलना करें।

एक डॉक्टर का व्यवसाय हमेशा मुश्किल भरा होता है तथा डाक्टरों से बड़े त्याग की उम्मीद करता है। एक अच्छे डॉक्टर के लिए, एक ज़रूरतमंद मरीज़ अपने जीवनसाथी के साथ थिएटर या सिनेमा हाल में शाम गुज़ारने से ज़्यादा ज़रूरी है। संचार के आधुनिक माध्यमों के अविष्कार के चलते, व्यक्तिगत व सामाजिक संबंध जल्दी बन जाते हैं तथा एक डॉक्टर के पास हमेशा समय की कमी रहती है। इसके अलावा, एक मध्यमवर्गीय डॉक्टर ग्रामीण क्षेत्रों में तथा विचित्र स्थानों पर जीवन संघर्ष करने हेतु कम ही जाता है। आमतौर पर वह एक पहले से ही व्यवस्थित (व कार्यरत) व्यावसायिक व्यवस्था अपने कार्य के लिए चाहता है तथा साथ ही, वह एक ऐशो-आराम से भरा घर भी चाहता है जिस में रहने के लिए सर्वश्रेष्ठ सुविधाएं उपलब्ध हों।

इन हालात में, डॉ बिनायक सेन अपनी पत्नी से पूछे बिना ऐसा कोई चुनाव नहीं कर सकते थे। यहां, वह पूर्णतया भाग्यशाली थे क्योंकि इलीना (उनकी पत्नी) एक समाजशास्त्री थीं तथा वह अपने पी.एच.डी. की रिसर्च के लिए "भारत के गिरते हुए लिंगानुपात" नामक विषय पर कार्य कर रही थीं। उनकी स्वयं की भी सामाजिक कार्य में गहन अभिरुचि थी। बाद में, उनकी यही रुचि एक ग़ैर-सरकारी संस्था (NGO) के कार्यकलापों व कार्यक्रमों से झलकी। इस संस्था का नाम रुपांतर

रखा गया था। इस एन.जी.ओ. की स्थापना सुश्री इलीना सेन के द्वारा छत्तीसगढ़ में आदिवासियों में शिक्षा तथा स्वास्थ्य देखभाल के प्रसार हेतु की गई थी। अत: डॉ. बिनायक सेन का कार्य तब और भी आसान हो गया जब इलीना जी ने उनको सहयोग देने की इच्छा प्रकट की। अत: वह अपना चुनाव, अपने परिवार की ओर से बिना कोई विरोध का सामना किए, कर पाए। डॉ सेन और इलीना सेन ने इकट्ठे कार्य करने के निर्णय का चुनाव किया ताकि छत्तीसगढ़ की दु:खों से त्रस्त जनता का भला किया जा सके। इस बात पर ध्यान दिया जाना चाहिए कि इस जनता को इस महान संकल्प से बहुत लाभ प्राप्त हुआ है।

शिक्षण संस्थान का प्रभाव

आने वाले घटनाएं अपनी छाया पहले ही दिखला देती हैं। बिनायक सेन ने एक छात्र के तौर पर साधारण जीवन जिया। वह अक्सर खादी के वस्त्र पहना करते थे, जिनकी महात्मा गांधी ने (भारत के) स्वतंत्रता संघर्ष के दौरान (पहनने के लिए) पैरवी की थी। वह "विनम्र गांधीवादी" तथा "वामपंथी बुद्धिजीवी" के नामों से प्रसिद्ध थे; ये उपाधियाँ डॉ. सेन को उनके अध्यापकों तथा सहयोगियों के द्वारा दी गई थीं। वह अन्यों से निश्चित रूप से भिन्न थे, परंतु हरेक के द्वारा पसंद किए जाते थे। उन्होंने भी उस जगह को काफ़ी पसंद किया तथा चिकित्सा शिक्षण, शोध तथा प्रसार की संस्था से सर्वश्रेष्ठ प्राप्त करने का भरसक प्रयास किया। अपने ही तरीके से, आपने वही कार्य दोहराया, जो एल.सी.ई.सी.यू. तथा सी.एम.सी. (वेल्लोर) के द्वारा किया जा रहा था। फिर भी, आपने अपनी रणनीतियों का भी विकास किया, जिनके द्वारा वह छत्तीसगढ़ के दूर-दराज इलाकों मे आने वाली समस्याओं से जूझ सके। ऐसे लोगों के साथ हमदर्दी हो गई, जो स्थानांतरित किए गए आदिवासियों के हितों रक्षा कर रहे थे, या जो लोग छत्तीसगढ़ की राज्य सरकार के विरुद्ध संघर्ष कर रहे थे। परंतु वह माओवादी नहीं बने तथा उन्होंने कभी भी किसी भी पक्ष के द्वारा हिंसा को अपनाए जाने का अनुमोदन नहीं किया। वह अपनी योजनाओं तथा कार्यों के बारे में एकदम स्पष्ट थे। वह पूरे अनुशासन के साथ अपने द्वारा चुने गए मार्ग पर चलते रहे। परंतु वह पी.यू.सी.एल. सदस्य अवश्य बने, जिसने उनको वहां पर हो रहे मानवाधिकारों के उल्लंघन की घटनाओं के मुद्दों को उठाने के लिए एक मंच प्रदान किया। **जैसा कि पहले ही बताया गया है, पी.यू.**

सी.एल. एक ग़ैर राजनीतिक संस्था है, जो मानवाधिकारों की सुरक्षा के प्रति कमिटमेंट रखती है।

भविष्य की ओर: अंतःकरण का बंदी

डॉ. बिनायक सेन को "अंत:करण का बंदी" (prisoner of conscience) के तौर पर वर्णित किया गया तथा उनको उनके अंतहीन संघर्ष के लिए मीडिया का भारी समर्थन मिला था। कोई आश्चर्य नहीं कि सी.एम.सी. (वेल्लोर) की ओर से उन्हें महानतम समर्थन मिला, जहां उन्होंने शिक्षा प्राप्त की तथा एक चैतन्य चुनाव किया कि वह ग़रीबों की सेवा करेंगे। न्याय के लिए उनका संघर्ष जारी है, चाहे उन्हें काफ़ी कष्ट भोगना पड़ा है। वस्तुतः उनके द्वारा चुने गये मार्ग की मुश्किलों के बावजूद, उनका मानव कल्याण के लिए संकल्प और भी अधिक दृढ़ हो गया है।

एक चैतन्य चुनाव एक पुराने पथ पर चलने से बेहतर है!

अध्याय 4

जनता का डॉक्टर

आरंभः कपटी कमर्शियल संसार

कंज़्यूमरिज़्म तथा बिज़नेस बुद्धि में तरक्की होने के कारण, हरेक पेशा पैसा कमाने का ज़रिया बन गया है, ना कि सच्ची सेवा करने का प्लेटफॉर्म। चिकित्सा का पेशा भी इस प्रवृत्ति का अपवाद नहीं है। आज के दौर में, एक डॉक्टर भी सही या ग़लत तरीकों के द्वारा इतना अधिक धन कमाना चाहता है जितना उसके लिए कमाना संभव हो सके। चिकित्सा की प्रौद्योगिकी को बेशर्मी से धन कमाने हेतु प्रयोग में लाया जाता है, जैसा कि लिंग जानने वाले क्लीनिकों का मामला है, जो अब प्रतिबंधित किए जा चुके हैं। अक्सर टेस्ट तथा स्कैनिंग की प्रक्रियाएं मरीज़ों पर पैसा कमाने के लिए थोप दी जाती हैं, जब कि वास्तव में शायद उनकी कोई आवश्यकता ही नहीं होती। डॉक्टरों को टेस्ट प्रयोगशालाओं से अपना कमीशन मिल जाता है क्योंकि वे अपने मरीज़ इन प्रयोगशालाओं में भेजते हैं। अनैतिक तत्व अपने धंधे रक्त बैंकों, अंग प्रत्यारोपण केंद्रों तथा विशेष (चिकित्सा) क्लीनिकों में चलाते हैं। चिकित्सा प्रणाली बेबस लोगों के लिए अधिक से अधिक पेचीदा बनाई जाती है ताकि उनसे धन ऐंठा जा सके। कोई आश्चर्य नहीं कि इतनी महंगी चिकित्सा ग़रीबों के बस के बाहर की बात है तथा कई ग़रीब लोग चिकित्सा सेवा न मिलने के कारण मर भी जाते हैं। गांवों तथा पिछड़े इलाकों में, लोग महंगी चिकित्सा सेवा प्राप्त करने का स्वप्न भी नहीं ले सकते तथा स्वयं को भाग्य के हवाले कर देते हैं। ये डॉक्टर लोगों के लिए नहीं, बल्कि धनोपार्जन के लिए हैं।

डॉ. बिनायक सेन एक जन चिकित्सक हैं जो कहीं अधिक सरल तथा सस्ते चिकित्सकीय तरीके अपनाते हैं। अतः मेडिसिन में उच्च शिक्षा पाने के बावजूद, वह लोगों को बताते हैं कि रोकथाम इलाज से बेहतर है। वह कम से कम दवाईयां देने में विश्वास करते हैं। आपने ग़रीब आदिवासियों को चिकित्सा शिक्षा प्रदान करने

हेतु सख़्त मेहनत की है। आपने काफ़ी अच्छी संख्या में समर्पित स्वास्थ्य कार्यकर्ताओं को प्रशिक्षित किया है, जिन्होंने कष्ट पाने वाले हज़ारों लोगों के प्राण बचाए हैं। इन्हीं स्वास्थ्य कार्यकर्ताओं ने लोगों को सिखाया है कि सरल स्वच्छता के नियमों का पालन करके वे लोग एक स्वस्थ जीवन जी सकते हैं। उनके द्वारा प्रशिक्षित स्वास्थ्य कार्यकर्ता 247 गांवों में लोगों की सेवा कर रहे हैं। ज्ञातव्य है कि यही वे क्षेत्र हैं जहां डॉ. सेन ने एक नि:स्वार्थ तथा समर्पित पेशेवर चिकित्सक के तौर पर कार्य किया था। अत: यह कुलीन डॉक्टर लोगों की भलाई के प्रति वचनबद्ध है।

महत्त्वपूर्ण कार्य

सी.एम.सी. (वेल्लोर) से एम.डी. (शिशु विज्ञान) की शिक्षा पूरी करने के बाद डॉ. सेन ने जवाहर लाल नेहरू विश्वविद्यालय (नई दिल्ली) के "सेंटर फ़ॉर सोशल मेडिसिन एंड कम्युनिटी हेल्थ" में वर्ष 1977 में पदभार ग्रहण किया। परंतु वह फ़ील्डवर्क के लिए अधिक लालायित थे। उनके शोधग्रंथ "मरासमस तथा बच्चों में कुपोषण" में बच्चों की मृत्यु व बिमारी के उन मुद्दों को शामिल किया गया था जो कुपोषण के कारण देखे जाते हैं। वह एक ऐसे क्षेत्र में काम करना चाहते थे जिसमें वह उन बच्चों की भी, अन्य लोगों के अलावा, मदद कर सकें। एक चिकित्सा छात्र के तौर पर, आपने एक लेख में अंडर ग्रेजुएट स्तर पर चिकित्सा शिक्षा की एक व्यवहारिक प्रणाली स्थापित करने का सुझाव दिया था, जिसके लिए उन्हें प्रथम पुरस्कार मिला था। वह सदैव ग़रीब लोगों से स्वास्थ्य समस्याओं के बारे में आम तौर पर तथा बच्चों की स्वास्थ्य समस्याओं के बारे में विशिष्ट रूप से संवेदनशील थे। वह अपना चिकित्सा ज्ञान आम लोगों की सेवा करने के लिए प्रयोग में लाना चाहते थे तथा चिकित्सा के लिए कोई ख़ास पहुंच मार्ग नहीं अपनाना चाहते थे। आपने "क्वेकर समाज" (Quaker Society) के बारे में जानकारी प्राप्त की थी जो स्वतंत्रता पूर्व के भारतवर्ष में बच्चों की शिक्षा तथा स्वास्थ्य के कार्यों में लिप्त थी। तब उन्हें माजोरी साईक्स की उपस्थिति का पता चला जो रसूलिया (मध्य प्रदेश) में एक क्वेकर सेंटर (Quaker Center) चला रही थी। वह इलीना (उनकी पत्नी) के साथ वहाँ गए तथा रसूलिया के "फ़्रेंड्स रुरल सेंटर" में कार्य करने लगे। यह केंद्र स्वास्थ्य तथा सामुदायिक शिक्षा पर कार्य कर रहा

था। वास्तव में, वह भारत में किसी उपयुक्त स्थान पर "सामाजिक चिकित्सा" के क्षेत्र में एक वृहत्तर स्तर पर कार्य करने हेतु स्वयं को तैयार कर रहे थे।

नियोगी की गाथा

वर्ष 1980 में, डॉ. बिनायक सेन 'पी.यू.सी.एल.' के साथ संबद्ध हो गए तथा उन्हें डल्ली राझरा भेजा गया। यह छत्तीसगढ़ का एक छोटा सा कस्बा है। आपको एक ऐसी टीम के सदस्य के तौर पर भेजा गया, जो शंकर गुहा नियोगी (एक टीम नेता) की गैरक़ानूनी गिरफ़्तारी की तहकीकात करने के लिए गई थी। नियोगी वहाँ एक केमिकल इंजीनियर थे तथा उन्हें भिलाई स्टील प्लांट (BSP) से वर्ष 1951 के राष्ट्रीय सुरक्षा अधिनियम के अंतर्गत गिरफ़्तार किया गया था। यह उनके जीवन की एक विशेष घटना सिद्ध हुई, क्योंकि उन्होंने महसूस किया कि वह वास्तव में वहां पर एक स्वास्थ्य केंद्र खोल सकते थे (जिसकी योजना वह काफ़ी देर से बना रहे थे)। आपने पाया कि नियोगी के द्वारा निर्देशित ट्रेड यूनियन में समाजवादी तर्ज़ पर सामुदायिक जीवन के विचार पर प्रयोग हो रहा था। वे लोग एक स्वास्थ्य आंदोलन आरंभ करना चाहते थे, जिसके लिए उनको एक सक्षम चिकित्सा प्रोफ़ैशनल की आवश्यकता थी, जिसका एक समर्पित सामाजिक कार्यकर्ता होना भी उतना ही अनिवार्य था। अत: उन्हें एक ऐसे व्यक्ति की आवश्यकता थी जो इस कार्य हेतु आवश्यक नेतृत्व प्रदान कर सके। यही वह अवसर था जिसकी डॉ. बिनायक सेन प्रतीक्षा कर रहे थे। जब नियोगी ने औपचारिक तौर पर उनसे डल्ली राझरा के स्वास्थ्य कार्य के बारे में पूछा तो डॉ. सेन ने खुशी से अपनी स्वीकृति दे दी। अत: आपने स्वयं को दिलो-जान से वहां के सामाजिक-चिकित्सक कार्य के लिए समर्पित कर दिया। इससे पहले कि हम डॉ. बिनायक के डल्ली राझरा में किए गए कार्य पर चर्चा करें, वहां के समाजवादी प्रयोग को एक स्पष्ट तरीके से देखा जाना आवश्यक है। वास्तव में, डॉ. सेन, शंकर गुहा नियोगी के जीवन व शैली से बड़े प्रभावित हुए थे। नियोगी भिलाई स्टील प्लांट में न केवल एक केमिकल इंजीनियर थे, बल्कि एक समर्पित ट्रेड यूनियन कार्यकर्ता भी थे। आपने मज़दूर वर्ग का रूपांतरण करने का प्रयास किया; ऐसा आपने उस वर्ग को महसूस करने, सोचने व कार्य करने के दौरान अधिक आत्मविश्वास से पूर्ण, आत्मनिर्भर तथा सच्चे तौर पर समाजवादी बनाकर किया। नियोगी ने मज़दूरों, किसानों, आदिवासियों तथा प्रगतिशील लोगों को

सामूहिक तौर पर रहने तथा इकट्ठे हो कर अपनी समस्याएं सुलझाने हेतु प्रेरित किया। उन्होंने उनको विश्वास दिलाया कि लोगों के एकजुट प्रयास के समक्ष कुछ भी असंभव नहीं था तथा वे अपनी दृढ़ इच्छा तथा ईमानदार कार्यों के द्वारा किसी भी विपत्ति पर विजय पा सकते थे।

नियोगी एक सपनों की दुनिया नहीं बना रहे थे। वह तो प्रेक्टीकल सुझाव दे रहे थे जो संजीदा प्रयासों तथा सख़्त मेहनत के बल पर लागू किए जा सकते थे। आपने लोगों को अपने क्रांतिकारी विचारों के साथ उद्वेलित कर दिया तथा अकेले निरंतर प्रयासों तथा प्रबल निष्ठा के बल पर उन्हें अपने लक्ष्यों की प्राप्ति करवाई। उसके नेतृत्व में, मज़दूरों ने "छत्तीसगढ़ खदान श्रमिक संघ" (सी.एम.एस.एस.) की स्थापना की, जिसने बेहतर कार्य परिस्थितियों तथा बेहतर स्वास्थ्य व शिक्षा सुविधाओं हेतु सफलतापूर्वक संघर्ष किया। उनको "इंडियन नेशनल ट्रेड यूनियन कांग्रेस" तथा "ऑल इंडिया ट्रेड यूनियन कांग्रेस" जैसे ट्रेड यूनियनों से कोई मदद नहीं मिली। परंतु उनके अपने ट्रेड यूनियन ने (शंकर गुहा नियोगी के नेतृत्व में) कई अचरज भरे कारनामे कर दिखाए।

लोगों के "डॉक साब"

सरकार तथा भिलाई स्टील प्लांट (BSP) द्वारा चलाए गए कई अस्पतालों ने मज़दूरों को उचित चिकित्सा सेवा नहीं दी, खास तौर पर उन मज़दूरों को जो नियमित नहीं किए गए थे। किसान व आदिवासी उन अस्पतालों की सुविधाएं नहीं प्राप्त कर पाते थे, जो कि केवल प्रभावशाली व्यक्तियों को ही दी जाती थीं। एक प्रभावपूर्ण चिकित्सा कार्यक्रम लोगों के लिए आवश्यक था जिसमें सभी लोगों को समान रूप से सेवा मिले। नियोगी ने उस क्षेत्र के लोगों को स्वयं का एक अस्पताल बनाने के लिए प्रेरित किया। डॉ. बिनायक सेन को इस परियोजना का प्रभारी बनाया गया। डॉ. सेन ने एक गैराज में ही अस्पताल आरंभ कर दिया, जब कि एक पूर्ण अस्पताल के लिए योजना को सी.एम.एस.एस. के द्वारा अंतिम रूप दिया गया; यह अंतिम रूप शंकर गुहा नियोगी के नेतृत्व में दिया गया था। मज़दूरों ने अस्पताल के निर्माण के लिए स्वयं धन जुटाया; उनमें से प्रत्येक ने अपना एक माह का वेतन इस धन को इकट्ठा करने के लिए दिया। उन्होंने अपनी मज़दूरी की सेवाएं भी वालंटीयर बन कर दीं तथा कुछेक महीनों में ही मज़दूरों का एक अस्पताल डल्ली राझरा में उभर कर सामने आ गया। डा. बिनायक सेन, डॉ. कुंडु तथा डॉ. साईबल जाना ने

अस्पताल चलाने हेतु डॉक्टरों की एक टीम बनाई। इस टीम का लक्ष्य स्वास्थ्य कार्यकर्ताओं को ट्रेनिंग देना भी था, जो अस्पताल आसपास के गाँवों, मज़दूर कालोनियों तथा आदिवासी क्षेत्रों में कार्य कर सकें। किसी भी ग़रीब व अमीर व्यक्ति को इस अस्पताल में पूरा सत्कार तथा मेडिकल सर्विस दिये जाते थे। यह एक ऐसा अस्पताल था, जो सही अर्थों में लोगों के लिए था। शंकर गुहा नियोगी, जो इस परियोजना के शिल्पकार थे, को लोग प्यार से 'भैया' कह कर बुलाते थे। डा. बिनायक सेन को उन्हीं लोगों के द्वारा "डाक साब" कह कर सम्मान सहित पुकारा जाता था।

एक स्वप्निल परियोजना

यह अस्पताल लगभग उन सभी 10,000 मज़दूरों तथा कार्यकर्ताओं के लिए एक स्वप्न का वास्तविकता में परिवर्तन था, जिन्होंने इस अस्पताल को एक-एक ईंट लगा कर बनाया था। दूसरी ओर, डॉक्टरों की तिकड़ी ने इसको पेशेवर तरीके से सामान व उपकरणों से लैस किया; उन्होंने ऐसा अपने पास उपलब्ध संसाधनों के अनुसार ही किया। वहाँ पर ओ.पी.डी. सुविधाएं थीं। अस्पताल में रहने वाले मरीज़ों को बहुत कम फ़ीस देनी पड़ती थी। प्रतिदिन, लगभग 250 मरीजों को ओ.पी.डी. में देखा जाता था तथा 50 मरीज़ों को अस्पताल में भर्ती करने का प्रावधान था। जनरल वार्ड में पांच रुपए प्रति बेड मरीज़ों से लिए जाते थे। एक सेमी-प्राइवेट कमरे के लिए 25 रूपए लिए जाते थे। एक प्राईवेट कमरे के लिए 50 से 100 रूपए तक लिए जाते थे। ग़रीब मरीज़ों को दवाईयां मुफ़्त दी जाती थीं, जबकि बाकी मरीज़ों से दवाओं की केवल लागत ही वसूल की जाती थी। यह सही मायनों में लोगों का अस्पताल था, जिसका डॉक्टर बिनायक सेन के द्वारा लगभग छः वर्षों तक नेतृत्व किया गया। उन्होंने हज़ारों मरीज़ों को इस अस्पताल में अरोग्य किया तथा "न्यूनतम लागत पर सर्वश्रेष्ठ चिकित्सा'' का उदाहरण प्रस्तुत किया।

शंकर गुहा नियोगी एक सामाजिक क्रांतिकारी थे जो कई मोर्चों पर सक्रिय थे, जैसे कि मज़दूरों के अधिकारों हेतु संघर्ष, बच्चों की शिक्षा, स्वास्थ्य रक्षा, राजनीतिक बैठकें, यूनियन के कार्यकलाप, समाज की भलाई, सांस्कृतिक क्रियाकलाप इत्यादि। नियोगी ने सामुदायिक रहन-सहन को प्रोत्साहन दिया तथा सामूहिक निर्णयों को अपना समर्थन दिया।

प्रबंधन छत्तीसगढ़ माईन्स श्रमिक संघ (सी.एम.एस.एस) के हाथों में था तथा जो मज़दूर स्वैच्छिक तौर पर विभिन्न गतिविधियों में भाग लेते थे, उन्हें बहुत कम

वेतन दिया जाता था। उन दिनों में, डॉ. बिनायक सेन को 500 रुपयों का मामूली वेतन मिलता था; इसी तनख्वाह में उनको इलीना (पत्नी) व प्राणहिता (बेटी) समेत अपने घर का ख़र्च चलाना होता था। सामुदायिक रसोई में सदस्यों को खाना दिया जाता था। ये सदस्य एक ही घर में रहते थे। कई लोगों को अपना बिस्तर एक ही कमरे में लगाना पड़ता था। अलमारियां भी लोगों से सांझी करनी पड़ती थीं। परंतु किसी ने भी इन सब परेशानियों के बारे में शिकायत नहीं की। यह प्रत्येक के लिए सांझा जीवन था तथा सभी सदस्यों ने इसका पूरा आनंद लिया। कभी-कभार, इलीना को साड़ियां बेचनी पड़ती थीं, ताकि परिवार की अतिरिक्त धन की ज़रूरत को पूरा किया जा सके। डॉ. सेन ने एक जगह से दूसरी जगह पर जाने के लिए बाईसाइकिल का प्रयोग किया। वह दूर-दराज़ इलाकों में किसी मरीज़ को देखने के लिए भी बाईसाइकिल का प्रयोग किया करते थे। बीसवीं शताब्दी के अस्सी के दशक के मध्य में, एक उच्च शिक्षा प्राप्त व योग्य डॉक्टर का बाईसिकल पर सवार होकर मरीज़ों को देखने जाना तथा फ़ीस की मांग भी न करना डल्ली राझारा में एक अजीब बात ही थी। दरअसल, डॉ. सेन ने शंकर गुहा नियोगी की सोच को सच में परिवर्तित कर दिया था। वह कहा करते थे कि यदि लोग एकजुट हो जाएं तो कुछ भी कर सकते हैं। वह यह भी कहा करते थे कि यदि लोगों में दृढ़ इच्छाशक्ति तथा किसी कार्य को करने हेतु संयुक्त रूप से प्रयास करने की भावना हो तो कुछ भी असंभव नहीं है।

डल्ली राझरा का मसीहा

दिल्ली राझरा में अपने प्रवास के दौरान, डॉ. बिनायक सेन ने मज़दूरों तथा आम लोगों के साथ बातचीत की। आपने इच्छुक स्वास्थ्य सेवा वर्करों को शिक्षा प्रदान की, चाहे वे पढ़े-लिखे थे या अनपढ़। इन स्वयंसेवियों ने स्वस्थ जीवन प्रणाली का संदेश गाँवों तथा मज़दूरों की कालोनियों में फैलाया। डॉ. सेन अक्सर मरीज़ों को देखने जाते थे, विशेष रूप से बीमार बच्चों को। इस उद्देश्य की प्राप्ति हेतु वह गाँवों तथा पिछड़े आदिवासी क्षेत्रों में भी जाते थे। वह सादा लिबास पहनते थे तथा वहां के लोगों के साथ दोस्ती और अपनापन कायम करते थे। आपने दाढ़ी भी बढ़ा ली थी तथा इस तरह आप भी दिखने में आदिवासियों की भांति ही लगने लगे थे। फ़िल्म *"मुन्ना भाई एम.बी.बी.एस"* के मुन्ना भाई के विपरीत, वह एक ऐसे मुन्ना भाई थे, जिनके पास एक असली चिकित्सा डिग्री थी। वह मुन्ना भाई से दो कदम आगे थे,

क्योंकि उनमें दु:ख पा रहे लोगों के लिए कहीं अधिक प्रबल संवेदना की भावना थी। डा. सेन का कार्य लाखों ग़रीब व वंचित लोगों को आशा की एक किरण देता है। ये लोग चिकित्सा की व्यावसायिक दुनिया में शायद ही बच पाएं। आपने हमेशा साधारण तथा सस्ती दवाईंयां मरीज़ों के लिए लिख कर दीं तथा बीमारियों को दूर रखने के लिए स्वच्छ जीवन जीने पर भी बल दिया। जब राज्य सरकार ने देखा कि उनके चिकित्सा प्रसार कार्यक्रम प्रभावशाली थे तो उस ने भी उनकी राय तथा सहयोग की मांग राज्य के स्वास्थ्य विभाग के स्वास्थ्य रक्षा कार्यक्रमों के लिए की। परंतु राज्य सरकार को डॉ. सेन का मानवाधिकारों व नागरिक स्वतंत्रताओं के प्रति आसक्ति पसंद नहीं आई तथा उस ने डॉ. सेन व उनकी गतिविधियों पर चुपचाप नज़र रखनी शुरू कर दी।

डॉ. सेन ने आदिवासियों, माओवादियों या माओवादियों के साथ हमदर्दी रखने वालों का उपचार सब को मानव समझ कर ही किया। वह राज्य की राजनीति में शामिल नहीं थे। आपने पी.यू.सी.एल. के लिए निर्भय होकर कार्य किया तथा निर्दोष लोगों पर शासन के द्वारा किये जा रहे अत्याचार के खिलाफ़ अपना मत व्यक्त किया। आख़िरकार, वह जनमानस के डॉक्टर थे तथा आपने लोगों के शारीरिक तथा मनोवैज्ञानिक कष्टों का निवारण एक मानवीय हृदय के साथ करने का प्रयास किया।

स्थानांतरण

वर्ष 1987 में डॉ. बिनायक सेन ने अपना कार्यस्थल बदलने काफ़ैसला किया। परंतु वह डल्ली राझरा सप्ताह में एक या दो बार आते रहे। डॉ. साईबल जाना, जिन्हें मिन्नी वैद ने "एक और डॉ. बिनायक सेन" की उपाधि से नवाज़ा है, उसी भावना के साथ अस्पताल का निर्देशन करते रहे। वह भी साल भर में प्रतिदिन 24 घंटों के लिए कष्ट पा रहे लोगों की सहायता करने के लिए तत्पर रहते थे। शंकर गुहा नियोगी, जो लोगों के आंदोलन के पितामह थे, का निर्देशन उनको प्रेरित करने के लिए मौजूद था। डा. बिनायक सेन के बारे में डा. साइबल जाना के विचारों का वर्णन करते हुए सुश्री मिन्नी वैद कहती हैं: "एक बार आप डॉक्टर-मानववादी-राजनेता-मज़दूर गठबंधन को अलग रख देते है तो बिनायक वास्तव में एक बहुत ही चुप किस्म के व्यक्ति हैं, जिन्हें लोगों के आंदोलनों पर बहुत अधिक विश्वास है। उन्हें इस बात का निर्णय लेने पर भी विश्वास है कि

एक गुट में क्या किया जाना चाहिए। यह एक गुण है, जो उनमें तथा शंकर गुहा नियोगी में समान रूप से है।''

डॉ. साइबल जाना ने तो उनकी तुलना जयप्रकाश नारायण से भी की, क्योंकि वह (डॉ. सेन) लोगों के साथ काफ़ी घुल-मिल चुके थे। डॉ. सेन को डल्ली राझरा से जाना पड़ा, क्योंकि उनपर बढ़ते हुए पारिवारिक दायित्वों का दबाव था। उन्हें इलीना को उनके पी.एच.डी. अध्ययन के लिए अच्छी सुविधाएं भी प्रदान करनी थीं। वास्तव में, नियोगी यह चाहते थे कि वह (डॉ. सेन) वापस आ जाएं, क्योंकि वह सही मायनों में उनके कार्य की सराहना करते थे। परंतु डॉ. बिनायक सेन को कई और वादे भी निभाने थे।

नियोगी की हत्या

शंकर गुहा नियोगी की 28 सितंबर, 1991 को हत्या कर दी गई। यह समाचार डल्ली राझरा के लोगों के लिए एक भयंकर झटके के रूप में आया। सेन परिवार भी इस झटके से अछूता नहीं रहा। डॉ. सेन के लिए इस बदली हुई स्थिति को स्वीकार कर पाना बहुत कठिन लग रहा था। क्षति की भावना अति प्रबल थी तथा लोग नियोगी के जाने के बाद स्वयं को अनाथ से महसूस कर रहे थे। अस्पताल का नाम ''शहीद अस्पताल'' रख दिया गया; यह नाम स्वर्गीय शंकर गुहा नियोगी की याद में दिया गया जो लोगों के शहीद थे। उनके नाम से शहर के एक चौक का नाम भी बदल दिया गया तथा उसे ''शंकर गुहा नियोगी चौक'' का नाम दे दिया गया था। लोग बहुत प्यार व आदर से अपने प्रिय नेता को याद करते हैं; वह डल्ली राझरा के जन आंदोलन के नायक थे।

जब भी डॉ. बिनायक सेन डल्ली राझरा आते हैं, वह शहर के एक छोटे से घर में रह रहे उनके परिवार से मुलाकात करना नहीं भूलते। नियोगी की पत्नी (आशा) पुत्रियों (मुक्ति व क्रांति) तथा पुत्र (जीत) के लिए, डॉ. सेन का यह आगमन पुराने स्मरणीय दिनों की यादें ताज़ा कर देता है। साथ ही, उन सबको याद आता है एक सांझे संघर्ष का समय। जीत को भिलाई स्टील प्लांट में नौकरी मिल गई तथा वह घर भी मिल गया जिसमें उसके पिता की हत्या कर दी गई थी। अतः उस घर में जाना उस महान जननेता के प्रति श्रद्धांजलि देने सरीखा काम हो जाता है। नियोगी के बच्चों के नाम ही क्रमशः 'आज़ादी', 'आंदोलन' तथा 'विजय' को सूचित करते हैं तथा उनकी पत्नी सचमुच ही 'आशा' का एक चिन्ह है।

वे सभी डॉ. बिनायक सेन की सेवा की भावना तथा लोगों के हितों के प्रति उनकी कमिटमेंट की बहुत तारीफ़ करते हैं। नियोगी के निधन के बाद, डॉ. सेन ने अपना काम लगातार तब तक जारी रखा, जब तक वह वर्ष 2007 में गिरफ़्तार नहीं हो गए। जीत अक्सर बैठक में डा. बिनायक सेन के साथ होता था। वह उनके साथ रैलियों तथा सम्मेलनों में भी भाग लेता था। वह डॉ. सेन के द्वारा "सल्वा जुडुम" की नुक्ताचीनी किए जाने के मुद्दे पर उनकी प्रशंसा करता था। दरअसल, यही वह कारण था जिसके आधार पर राज्य सरकार उसे सबक सिखाना चाहती थी। शंकर गुहा नियोगी की हत्या उस क्षेत्र के लोगों के आंदोलन के लिए एक बहुत बड़ा आघात थी, परंतु "शहीद अस्पताल" ने अपना कार्य पहले जैसी भावना के साथ ही जारी रखा। यह वस्तुत: शंकर गुहा नियोगी जैसे लोगों के सेवा व त्याग का एक जीवंत स्मारक है। इसमें डॉ. बिनायक सेन तथा डॉ. साईबल जाना जैसे चिकित्सा कर्मियों की मेहनत भी शामिल है।

क्षय के कारण

डल्ली राझरा तथा उसके आसपास के गांवों के लोग डॉ. बिनायक सेन को एक पारिवारिक सदस्य ही मानते हैं। उन्होंने न केवल उन लोगों को चिकित्सा सेवा प्रदान की, बल्कि बहुत प्रेम से उनकी समस्याएं सुलझाने हेतु भी उनकी काफ़ी मदद की। वह उनके लिए एक जीवित भगवान की भांति थे। वे लोग बड़ी आस लगाए उनकी प्रतीक्षा करते हैं तथा यह महसूस करते हैं कि उस जनमानस के डॉक्टर की केवल एक झलक ही उनके सारे कष्टों का निवारण कर देगी। वास्तव में डॉ. सेन ने बीमारियों के असली कारणों को जानने का प्रयास किया। अंत में, आपने यह निष्कर्ष निकाला कि ग़रीबी, अज्ञान तथा राज्य द्वारा किए गये अन्याय के कारण उस क्षेत्र में विकृत परिस्थितियां उत्पन्न हो गई थीं। अत: आपने मानवाधिकारों के मुद्दों को (जनता के लिए) उठाया तथा साथ ही आपने मरीज़ों का चिकित्सा विज्ञान के द्वारा उपचार भी किया।

शासन ने उनको "हेल्थ एडवाइज़री बोर्ड" का सदस्य भी बनाया। फिर भी राज्य सरकार ने उनकी मानवाधिकारों से संबद्ध गतिविधियों के प्रति कड़ा रुख़ अपनाया तथा उनको एक झूठे केस में फंसा कर उनको देशद्रोही करार देने की कोशिश की। परंतु लोग अपने डॉक्टर को इतनी अच्छी तरह से जानते थे कि वे शासन के इन दमन चक्रों से भ्रमित नहीं हो सकते थे। अत: वह अब डॉ. सेन का

पहले से अधिक सम्मान करते हैं। डॉ. सेन लोगों के लिए एक आदर्श बन गए हैं। वे केवल छत्तीसगढ़ के लोगों के लिए ही नहीं, बल्कि सारे भारत व यहां तक कि विश्व भर में एक सशक्त व कर्मठ आदर्श के रूप में उभर कर सामने आए हैं।

भविष्य की ओरः मक़सद से लैस देवता

वह सचमुच ही एक अनूठे डॉक्टर हैं। वह पब्लिक के डॉक्टर हैं। वह न केवल उनका इलाज करते हैं, बल्कि उनको मोटीवेट भी करते हैं। यह एक अच्छी सामाजिक व्यवस्था की आशा के लिए एक समझदार डॉक्टर की प्रेरणा है। यह सामाजिक व्यवस्था न्याय, समानता तथा मानवता पर आधारित होगी। कोई हैरानगी नहीं कि वह उन लोगों के दिलों में बसते हैं, जिनकी सेवा वह काफ़ी ईमानदारी तथा पूर्ण निःस्वार्थ भाव से करते आए हैं।

पवित्र ईश्वर की सेवा करनी हो तो जनसाधारण की सेवा करें।

अध्याय 5

मेडिकल नेटवर्क

आरंभ: प्रतिभाशाली लोग

प्रत्येक छात्र को मेडिकल कॉलेज में दाखिला लेने के लिए बहुत मेहनत करनी पड़ती है। इसके लिए राज्य या राष्ट्रीय स्तर पर एक एंट्रेंस टेस्ट देना पड़ता है, जिसे प्री-मेडिकल टेस्ट (PMT) कहा जाता है। इस परीक्षा में प्राप्त अंकों का प्रयोग किसी मेडिकल कॉलेज में स्टूडेंट के दाख़िले के लिए किया जाता है। अपनी सीनियर सेकेंडरी परीक्षा देने के बाद छात्र कोचिंग सेंटरों में जाकर इस टेस्ट की तैयारी करते हैं। इसके लिए उन्हें काफ़ी धन व समय ख़र्च करना पड़ता है। यदि कोई छात्र इतना भाग्यशाली होता है कि उसका प्राप्तांक उसको किसी सरकारी मेडिकल कॉलेज में प्रवेश हेतु योग्य बना देता है तो उसे अपने पाँच-या छः-वर्षीय मेडिकल कोर्स (एम.बी.बी.एस) के लिए काफ़ी कम धन ख़र्च करना पड़ता है। अन्यथा, उसे किसी निजी मेडिकल कॉलेज में दाख़िले के लिए आवेदन करना पड़ता है, जहाँ पर उसे मेडिकल शिक्षा प्राप्त करने के लिए काफ़ी अधिक धन ख़र्च करना पड़ता है। माता-पिता हमेशा अपने पुत्र या पुत्री को डाक्टर बनाने का प्रयास करते हैं क्योंकि यह एक लाभकारी तथा सम्मानजनक व्यवसाय है। इसके अलावा, इस क्षेत्र में हर प्रकार का आरक्षण है तथा कई प्रकार के कोटे भी हैं, जैसे कि आप्रवासी भारतीयों का कोटा। माता-पिता भरसक प्रयास करते हैं कि इनको कोई-न-कोई छूट मिल ही जाए तथा उसके लिए वे लाखों रुपए ख़र्च कर देते हैं। वे अपने बच्चों को विभिन्न मेडिकल कॉलेजों में दाख़िला करवाने के लिए काफ़ी अधिक केपिटेशन फ़ीस भी देते हैं। औसतन, एक मेडिकल स्नातक बनने हेतु 25 से 50 लाख रुपए ख़र्च करने पड़ते हैं। परंतु यह रकम किसी भी समझदार तथा ग़रीब छात्र के बस की बात नहीं हैं। यदि किसी छात्र को चिकित्सा की किसी पोस्ट-ग्रेजुएट डिग्री की पढ़ाई करनी हो तो उसमें प्रवेश पाना बहुत ही मुश्किल काम है तथा पढ़ाई का पूरा ख़र्च भी बहुत अधिक है।

सी.एम.सी (वेल्लोर) जैसी मेडिकल संस्था में, जहां मेरिट ही सामान्य कोटे की सीटों के लिए एक मात्र कसौटी है (जबकि बाकी सीटें ईसाई छात्रों के लिए आरक्षित हैं), बिनायक सेन ने काबलीयत के आधार पर सीट प्राप्त की। बाद में, आपने अपनी एम.बी.बी.एस. की डिग्री डिस्टिंक्शन के साथ हासिल की। आपने शिशु विज्ञान में पोस्ट-ग्रेजुएट डिग्री भी उसी संस्था से पूरी की तथा "सामाजिक चिकित्सा" के क्षेत्र में ट्रेनिंग भी वहीं से प्राप्त की।

एक भरोसेमंद टीम

उनके साथी डाक्टर भी बहुत लायक थे। डॉ. भार्गव एक नेशनल टेलैंट सर्च स्कॉलर थे, जिन्होंने "आंतरिक चिकित्सा" में अपनी पोस्ट-ग्रेजुएट डिग्री ऑल इण्डिया इंस्टीट्यूट ऑफ़ मेडिकल साइंसेज़ (AIIMS) से प्राप्त की थी। डॉ. भार्गव ने वहां कुछ देर तक शिक्षण कार्य भी किया था।

डॉ. योगेश जैन भी एक नेशनल मेरिट स्कॉलरशिप से सम्मानित छात्र थे तथा उन्होंने एम.बी.बी.एस. में एम्स (AIIMS) में पढ़ाई के दौरान दूसरा स्थान प्राप्त किया था। वह शिशु विज्ञान के क्षेत्र में सर्वश्रेष्ठ छात्र थे। उन्होंने एम्स (AIIMS) के शिशु विज्ञान विभाग में सहायक प्रोफेसर के पद पर भी कार्य किया था।

डॉ. साइबल जाना, जो दिल्ली राझरा के एक समर्पित डॉक्टर थे, ने अपनी एम.बी.बी.एस. की डिग्री नेशनल मेडिकल कॉलेज कोलकाता से ली थी। यद्यपि आपने चिकित्सा विज्ञान की पोस्ट-ग्रेजुएट डिग्री प्राप्त नहीं की थी, तथापि वह डॉ बिनायक सेन के सब से ज्यादा साथी थे। आपने ग़रीब ग्रामीणों, मिल मज़दूरों, झुग्गी-झोपड़ियों के निवासियों तथा पिछड़े आदिवासियों की भलाई के लिए पूरी निष्ठा से कार्य किया।

इन तीनों ज़हीन डॉक्टरों ने विलासपूर्ण शहरी जीवन की कामना नहीं की तथा पैसे के पीछे भी नहीं भागे। इन्होंने छत्तीसगढ़ के पिछड़े क्षेत्रों में अपनी निष्ठा तथा कमिटमेंट के बल पर एक असाधारण चिकित्सा नेटवर्क बनाया।

भारत के अधिकांश चिकित्सा स्नातक सरकारी या निजी क्षेत्र में अच्छी तनख़्वाह वाली नौकरियों की तलाश करते हैं ताकि वे सुख-सुविधाओं से भरपूर जीवन का आनंद ले सकें। कई अन्य, जो बढ़िया मेडिकल उपकरणों में धन का निवेश कर सकते हैं, माडर्न गजेट्स से लैस अपने क्लीनिक खोल लेते हैं। ऐसा वे इस लिए करते हैं ताकि वे ऐसे ग्राहकों को आकर्षित कर सकें जो अधिक फ़ीसें दे सकते हैं। वे मरीज़ें को कुछ ख़ास टेस्ट करवाने के लिए कहते हैं या

स्कैनिंग के लिए उनको परामर्श देते हैं। तब वे अपने मरीज़ों को ऐसी पैथोलॉजीकल लैब्स में भेज देते हैं, जो उन (परामर्श देने वाले डॉक्टरों) को अपनी कमाई में से कुछ हिस्सा भेज देते हैं। यह एक रोज़मर्रा का मामला है और इस तरह, वे सभी काफ़ी पैसा कमा लेते हैं।

डॉक्टरों में से ज्यादातर डॉक्टर गाँवों में काम नहीं करना चाहते! अगर उन्हें किसी दूर-दराज़ गाँवों में नौकरी मिलती भी है तो वे हफ़्ते के सभी दिनों में ड्यूटी पर नहीं आते। बिना बताए सरकारी चैकिंग की स्थिति से निपटने के लिए मेज़ पर एक छुट्टी की अर्ज़ी रख दी जाती है। जब डॉक्टर अगले दिन अस्पताल आता है तो उस अर्ज़ी को मिटा दिया जाता है। सारा मातहत स्टाफ़ हमेशा विश्वास में ले लिया जाता है तथा सीनियर डॉक्टरों को भी कुछ देकर खुश रखा जाता है। यह भी एक रोज़मर्रा का काम है तथा कोई भी इसका बुरा नहीं मानता। लगभग सभी डॉक्टर घर पर निजी प्रैक्टिस करते हैं। आख़िरकार, उनको एशो-आराम की कीमत चुकाने हेतु पैसा भी तो चाहिए। जवाबदेही हर जगह पर गायब है तथा अपने पेशे के प्रति कमिटमेंट व्यक्ति से व्यक्ति अथवा जगह से जगह पर निर्भर करती है। मरीज़ डॉक्टरों की दया पर निर्भर रहते हैं, जो उन सबके लिए भगवान के बाद सब कुछ होता है। परंतु उनको शायद ही वह सब मिलता है जिसकी वे उम्मीद करते हैं। यदि डॉक्टर बिनायक सेन को किसी के लिए रोल मॉडल बनना ही है तो उन डॉक्टरों के लिए बनें जो अपने पेशे की नैतिकता को भूल जाते हैं तथा अपने जीवन में केवल धन को ही सबसे बड़ी चीज़ मानते हैं।

रोल मॉडल

बिनायक सेन, साइबल जाना, अनुराग भार्गव तथा योगश जैन जैसे डॉक्टर ऐसे चिकित्सा प्रोफ़ेशनलों के उदाहरण हैं जो अभी भी उचित मार्ग दिखाने के लिए खड़े हैं। ये वे लोग हैं, जो जनता की नि:स्वार्थ भाव से सेवा करते हैं और यह कार्य सभी मुश्किलों के बावजूद तथा सभी चुनौतियों के साथ करते हैं। भारत भर के डॉक्टरों की मानसिकता (psyche) बदलना काफ़ी कठिन है। इस पुस्तक के लेखकों का यह मत है कि ग्रामीण क्षेत्रों में पाँच वर्ष तक की नौकरी अनिवार्य कर दी जानी चाहिए ताकि इन डॉक्टरों के मन में कर्तव्य तथा सेवा की भावनाएं डाली जा सकें। अत: इन उपरोक्त डॉक्टरों के उदाहरण आज के सभी डॉक्टरों के लिए प्रेरणा का एक स्त्रोत सिद्ध हो सकते हैं।

डॉ. बिनायक सेन ने डल्ली राझरा के एक गैराज से अपना कार्य आरंभ किया। बाद में, वहाँ पर मध्यमवर्गीय स्तर के उपकरणों से लैस एक अस्पताल

ग्रामीणों तथा मज़दूरों के द्वारा बनाया गया। यह सब शंकर गुहा नियोगी के प्रेरणा के कारण संभव हुआ था और इस अस्पताल का नाम कालांतर में "शहीद अस्पताल" रख दिया गया। यह कम्यूनिटी डेवलपमेंट के क्षेत्र में एक अत्याधिक सफल प्रीक्षण था, जो डॉ. सेन तथा डॉ जाना के कठिन परिश्रम के बल पर ही संभव हो पाया था। शहीद अस्पताल एक महान ट्रेड यूनियन नेता, शंकर गुहा नियोगी, की याद में बना एक जीवंत स्मारक है। डॉ. सेन ने अपनी गतिविधियों के विस्तार हेतु डल्ली राझरा छोड़कर कहीं और जाने का निश्चय किया। डॉ. जाना शहीद अस्पताल का कार्य देखते रहे। डॉ. सेन को अपने बढ़ते हुए बच्चों की शिक्षा का इंतज़ाम भी करना था। साथ ही, आपने इलीना के शोध कार्य हेतु उचित सुविधाएं भी प्रदान करनी थीं। अतः उनका रायपुर में होना भी ज़रूरी था। आपने चिकित्सा वर्करों का एक नेटवर्क बनाने का प्रयास किया जिसके लिये उन्हें शिक्षित डॉक्टरों तथा स्वयंसेवकों के साथ की ज़रूरत थी)।

रूपांतर की सफलता

डल्ली राझरा छोड़ने के बाद, अर्थात् 1987 के अंतिम कुछ महीनों में, आप टिल्डा में मिशन अस्पताल में कार्यरत हो गए जहाँ पर आपने कुछ वर्षों तक कार्य किया। परंतु उस सारे समय के दौरान, वह कई प्रकार की की योजना बनाते रहे ताकि वह उन लोगों को स्वास्थ्य सेवाएं दे सकें जिनको इन सेवाओं की सर्वाधिक आवश्यकता थी। बिनायक व इलीना दोनों ने मिलकर काम किया तथा एक गैर सरकारी संस्था की नींव रखी, जिसका नाम 'रूपांतर' रखा गया। इसका लक्ष्य उन दोनों के द्वारा चुने गए पिछड़े इलाकों में शिक्षा तथा स्वास्थ्य सेवाओं का प्रसार करना था। कई स्थानों पर रूपांतर स्कूल व रूपांतर क्लीनिक खोले गए, जहाँ पर सेवाएं अत्याधिक कम लागत या कभी-कभी बिना किसी फ़ीस भी दी जाती थीं। यह कार्य स्वयंसेवी स्वास्थ्य कार्यकर्ताओं तथा स्वयंसेवी अध्यापकों के द्वारा किया जा सकता था; इसके लिए उनको इलीना व बिनायक के द्वारा प्रशिक्षण (training) दिया जाता था। यह सब एक पूर्वनियोजित तरीके से किया जाता था। आप दोनों ने साधारण दवाईयों के इस्तेमाल पर बल दिया तथा साथ ही, इलाज करने वाली (curative) कोशिशों पर परहेज़ वाले (preventive) तरीकों को तरजीह दी। पेशेवर डॉक्टरों की तो निश्चय ही आवश्यकता थी, परंतु वे बीमारियों के इलाज की प्रक्रिया को एक पेचीदा मामला नहीं बनाते थे। इसके विपरीत, वे उसे एक सीधी-सादी प्रक्रिया ही बताते थे। जल्दी आराम देने हेतु टीकों का प्रयोग नहीं

किया जाता था तथा बीमारियों की व्यवहारिक चिकित्सा मरीज़ों को समझाई जाती थी। डॉक्टरों के अभाव में, ये स्वास्थ्य वर्कर बीमार लोगों को आवश्यक मार्गदर्शन तथा मदद दे पाते थे ताकि मलेरिया व हैज़ा जैसी आम बीमारियों पर काबू पाया जा सके। वास्तव में, डॉ सेन ने उन सभी इलाकों में स्वास्थ्य के बारे में जागरूकता फैलाने का प्रयास किया, जहां आपने कार्य किया। आपने सच्ची हमदर्दी, साधारण दवाईयों तथा गंभीर सलाह प्रदान करके ग़रीब ग्रामीणों की मदद की। वह तथा उनके द्वारा प्रशिक्षित स्वास्थ्य कार्यकर्ता किसानों, मज़दूरों तथा मज़दूरों के परिवारों के लिए महान प्रेरणास्त्रोत थे। एक सामुदायिक स्वास्थ्य कार्यकर्ता स्कीम, जिसका नाम 'मितानिन' था, राज्य सरकार द्वारा चलाई गई थी; मितानिन का अर्थ है मित्र! डा. बिनायक सेन हमेशा ऐसे प्रयासों का समर्थन करते थे। परंतु उनके स्वास्थ्य वर्करों ने ग़रीबों को बेहतर सेवाएं प्रदान कीं। उन्होंने अपने संकल्प के प्रति पूरी ईमानदारी के बल पर ज़रूरतमंद मरीज़ों को स्वास्थ्य प्रदान किया।

बग्रुमनाला में क्लीनिक

डॉ. बिनायक सेन ने धमतारी ज़िले के बग्रुमनाला गाँव का अपना क्लीनिक स्थापित करने हेतु चयन किया, जहाँ पर रहकर वह आस-पास के कई गांवों में स्वास्थ्य सेवा कर सकते थे। यह रुपांतर द्वारा उस पिछड़े क्षेत्र में स्थापित पहला क्लीनिक था; इसे 1994 में आरंभ किया गया था। यह एक चार कमरों का अस्पताल था जिसमें साधारण उपकरण थे। फिर भी यह अस्पताल डॉ. सेन के द्वारा प्रभावपूर्ण ढंग से चलाया गया। वह क्षेत्र अधिकतर खमार (Khmar) वंश के कबीले के लोगों से भरा पड़ा था, जो ग़रीबी के रेखा के कहीं अधिक नीचे रह रहे थे। उनका इलाज लगभग नि:शुल्क किया जाता था तथा गंभीर मामले धमतारी के ज़िला अस्पताल में भेज दिए जाते थे। उन मरीज़ों को स्वास्थ्य कार्यकर्ताओं के द्वारा परिवहन की सुविधा भी दी जाती थी। चूंकि डॉ. बिनायक सेन को अपने चिकित्सा प्रसार कार्य के लिए रायपुर तथा बिलासपुर में ही रहना था तथा पी.यू.सी. एल. के कार्यों को भी देखना था, वह सप्ताह के सारे दिनों में व बग्रुमनाला में नहीं रह सकते थे। अत: क्लीनिक उनके भरोसेमंद और उनके द्वारा सिखाए गए स्वास्थ्य वर्करों के द्वारा चलाया जाता था। तथापि, डॉ. सेन ने सप्ताह में एक बार उस अस्पताल में जाने का नियम बनाया तथा वह उसका पालन भी करते रहे। वह वहां अक्सर शुक्रवार को जाते थे। उनके मरीज़ उत्सुकता से उनकी प्रतीक्षा करते थे। यह शुक्रवार क्लीनिक उनकी गिरफ़्तारी के दिन तक चला; याद रहे कि उनको बिलासपुर से 14

मई, 2007 को गिरफ़्तार किया गया था। उनको नारायण सान्याल (जो एक माओवादी हैं) तथा पीयूष गुहा (जो एक व्यवसायी हैं) के बीच संदेशों का आदान-प्रदान करने के लिए मदद देने के कारण गिरफ़्तार किया गया था। क्लीनिक पर राज्य की पुलिस ने धावा बोला तथा उसे बिल्कुल ही बंद कर दिया गया। परंतु डॉ. बिनायक सेन के द्वारा बनाया गया मेडिकल नेटवर्क उस क्षेत्र के ग़रीब लोगों की सहायता करता रहा। उस क्षेत्र के लोग अभी भी उस दयालु डॉक्टर का इंतजार कर रहे हैं, जिनका दर्शन मात्र उनके स्वास्थ्य का सबसे बड़ा आधार है।

रूपांतर स्वास्थ्य कार्यक्रमों के अलावा, डॉ. बिनायक सेन ने "जन स्वास्थ्य सहयोग" (जे.एस.एस.) की स्थापना हेतु भी नेतृत्व किया। यह संस्था बिलासपुर ज़िले के गन्यारी नामक स्थान पर स्थापित की गई थी तथा डॉ. अनुराग भार्गव और डॉ. योगेश जैन की मदद इसे स्थापित करने हेतु ली गई थी। वे दोनों प्रतिभाशाली चिकित्सा प्रोफ़ेशनल थे तथा उन दोनों ने एम्स (नई दिल्ली) में कार्य करने की बजाए पिछड़े हुए इलाकों में सेवा करने का निर्णय लिया था। ये दोनों डॉक्टर बिनायक सेन के द्वारा जे. एस. एस. (JSS) के लिए गन्यारी में सामुदायिक डॉक्टर बनने के लिए प्रेरित किए गए थे। आज के दौर में, इस अस्पताल में शिशुओं का आपरेशन करने वाला एक शल्य-चिकित्सक, दो शिशु रोग विशेषज्ञ, एक आयुर्वेदिक डॉक्टर, दो जन स्वास्थ्य डॉक्टर तथा एक रिसर्च केमिस्ट हैं। साथ ही, अन्य पैरा-मेडिकल स्टाफ़ भी इस अस्पताल में ड्यूटी पर है। यह जे.एस.एस के द्वारा प्रबंधित एक काफ़ी बड़ा अस्पताल है। यह डॉ. बिनायक सेन के द्वारा फैलाई गई कार्य-प्रणाली का अनुसरण करता है, जो इसके ट्रस्टी भी हैं। यहाँ पर बचाव वाले तरीकों (preventive methods) पर बल दिया जाता है। महंगी दवाईयों के स्थान पर सस्ती तथा आम दवाईयाँ का इस्तेमाल ही इन डॉक्टरों के द्वारा इस अस्पताल में किया जाता है।

गन्यारी के अस्पताल में 35 बेड हैं तथा वहाँ एक ऑपरेशन थिएटर भी है। यह अस्पताल जंगलों वाले गाँवों में तीन उप-केंद्र चला रहा है तथा स्वास्थ्य वर्करों को ट्रेनिंग भी दे रहा है। यही स्वास्थ्य वर्कर 53 आदिवासी गाँवों में सेवाएं प्रदान कर रहे हैं। जे.एस.एस. अस्पताल सभी प्रकार के मरीज़ों का उपचार करता है। यह मलेरिया तथा टी.बी. के मरीजों का इलाज भी करता है; याद रहे, इन इलाकों में यह दोनों आम बीमारियाँ हैं। हेल्थ वर्कर प्रतिदिन लगभग 250 ओ.पी.डी. मरीज़ों को देख लेते हैं। अस्पताल में मरीज़ों के भर्ती करने के लिए सुविधाएं भी हैं। सभी मरीज़ों का सर्वाधिक सहानुभूति के साथ उपचार किया जाता है।

अत: यदि हम कहें कि डॉ. बिनायक सेन की आत्मा यहाँ के वातावरण के कण-कण में विद्यमान है तो यह कोई बड़ी बात नहीं होगी। वे लोग स्कूली छात्रों के द्वारा स्वास्थ्य शिक्षा का प्रसार भी करते हैं। डॉक्टर स्वयं उन प्रसार क्रियाकलापों में भाग लेते हैं, जिनमें उनके भाग लेने की आवश्यकता होती है। वे सामुदायिक स्वास्थ्य कार्यक्रमों की आवश्यकताओं के प्रति सजग होते हैं तथा ऐसी गतिविधियों में इच्छापूर्वक सहयोग देते हैं ताकि ग़रीब आदिवासियों की मदद कर सकें। गन्यारी में तैनात डॉक्टर बग्रुमनाला में शुक्रवार का क्लीनिक चलाने के लिए भी जाते रहे। राज्य की पुलिस द्वारा छापा मारे जाने के बाद क्लीनिक को बंद करना पड़ा था। वास्तव में, गन्यारी के डॉक्टरों ने "फ्री बिनायक सेन कैंपेन" के दौरान भी बहुत ही अच्छा रोल अदा किया था।

डॉ. बिनायक सेन द्वारा छत्तीसगढ़ के पिछड़े इलाकों में एक मेडिकल नेटवर्क को स्थापित किया गया। यह नेटवर्क कई मुश्किलों के बावजूद कार्यरत है। चाहे उनके द्वारा सिखाए गए स्वास्थ्य कार्यकर्ताओं को पुलिस धमकी देती है, वे कार्यकर्ता अपने-अपने क्षेत्रों में काम करते जा रहे हैं तथा नतीजों की परवाह नहीं करते। डॉ. सेन की गिरफ़्तारी ने उनको उनका काम करने से नहीं रोका तथा वे पूरे मन से मेडिकल सेवा दे रहे हैं। शहीद अस्पताल (जो डल्ली राझरा में है) तथा जे.एस. एस अस्पताल (जो गन्यारी में है), दोनों पहले की तरह ही मरीज़ों की सेवा कर रहे हैं। केवल बग्रुमनाला का क्लीनिक कार्यरत नहीं है। डॉ. सेन अपनी रिहाई के बाद उसे पुन: सक्रिय करने के संबंध में विचार कर रहे हैं। उन इलाकों के लोग उनकी प्रतीक्षा कर रहे हैं तथा वे डॉ. सेन का (उनके वहाँ जाते ही) एक हीरो के रूप में स्वागत करेंगे।

इस कुलीन डॉक्टर, जिसने जन स्वास्थ्य के लिए व्यक्तिगत रूप से इतने प्रयास किए हैं तथा अपने साथियों की सहायता के द्वारा भी काफ़ी योगदान दिया है, को देशद्रोह के कानून के अंतर्गत सज़ा सुनाई गई है। शासन का यह कार्य तर्क की हद के बाहर लगता है। राज्य सरकार के द्वारा डॉ. सेन के विरुद्ध दर्ज कराई गई एक चार्जशीट में यह कहा गया था: "डॉ. सेन निश्चय ही एक डॉक्टर हैं, परंतु वह चिकित्सा की असली प्रेक्टिस में एकदम ज़ीरो हैं। उनके मकान की तलाशी के दौरान, ऐसा कोई भी सामान नहीं मिला, जो सामान्यत: एक क्लीनिक में पाया जाता है; न ही (वहाँ से) कोई दवाई ही प्राप्त हुई।" (*फ्रंट लाइन*, 28 जनवरी, 2011, पीपी. 15)

परंतु वे यह भूल गए कि डॉ. सेन राज्य के "हेल्थ एडवाईज़री बोर्ड" में भी थे। वह न केवल छत्तीसगढ़ की चिकित्सा बिरादरी में ही इज़्ज़त पाते थे, बल्कि

सारे भारत के चिकित्सा समुदाय में भी जाने-माने डॉक्टर के तौर पर मशहूर हैं। वह देश के ख़ास डॉक्टरों में से एक हैं। उनको राज्य-स्तरीय पुरस्कार देने की बजाए, राज्य के अधिकारियों ने उनको सलाखों के पीछे डाल दिया। उन्होंने डॉ. सेन के साथ ऐसा इस लिए किया क्योंकि वह सभी मानवों के साथ समान व्यवहार करते थे चाहे वे माओवादी, माओवादियों के हमदर्द, किसान या मज़दूर ही क्यों न हों। आपने उन लोगों को चिकित्सा सेवा प्रदान की क्योंकि एक डॉक्टर के रोल में यह उनका कर्तव्य था। आपने कभी भी अपने हाथ में बंदूक नहीं पकड़ी। आपने सभी प्रकार की हिंसा का विरोध किया। ऐसा आपने इसलिए किया क्योंकि आप एक डॉक्टर के तौर पर अपनी ड्यूटी को जानते थे उनका कर्तव्य प्राण बचाना था, ना कि प्राण लेना। कोई भी व्यक्ति छत्तीसगढ़ सरकार की उनको सबसे संगीन अपराधों में फंसाने की नीति पर हैरान होगा तथा यह जानकर भी हैरान हो जाएगा कि यह राज्य सरकार उनको दोस्त नहीं, बल्कि दुश्मन मानती है।

सहयोगी योद्धा की करते हैं तारीफ़

डॉ. बिनायक सेन के स्वास्थ्य कार्यकर्ता तथा सहयोगी उनका बड़ा आदर करते हैं। डॉ. अनुराग भार्गव महसूस करते हैं: "हर व्यक्ति बिनायक नहीं बन सकता।" मिन्नी वैद्य कहती हैं: "जहाँ पर बिनायक का कार्य परोक्ष रूप से पोलिटिकल काम के तौर पर ही पहचाना जा रहा है, उनका जन स्वास्थ्य के कई अन्य पहलुओं पर संघर्ष जारी है। इनमें से कुछ पहलू हैं स्वास्थ्य रक्षा पर ख़र्च कम करके इसे अधिक सुलभ बनाना, सरकार के साथ बातचीत व कार्य करना, नौकरशाही के साथ मिलकर कार्य करना, जनहित याचिकाएं दायर करना तथा मूल्यों पर नियंत्रण के लिए अभियान चलाना। डॉ. सेन तथा जे. एस. एस. के अन्य डॉक्टरों ने इन मुद्दों को उजागर करने हेतु सख़्त मेहनत की, चाहे उनको अधिक सफलता नहीं मिली।" *(A Doctor to Defend,* pp. 127*).*

डॉ. अनुराग भार्गव तथा डॉ. योगेश जैन, डॉ. सेन के इस कार्य की बड़ी तारीफ़ करते हैं, जो उन्होंने स्वास्थ्य रक्षा तथा मानवाधिकारों के सरंक्षण के क्षेत्रों में किया। परंतु वे साफ़ तौर पर मानते हैं कि मानव कल्याण के इस क्षेत्र में वे दोनों इस स्तर तक नहीं पहुंच सकते। डॉ. योगेश जैन कहते हैं: "डॉ बिनायक सेन मिडिल क्लास के एक डॉक्टर हैं तथा उन सभी डॉक्टरों की तरह जो असमानता के क्षेत्र में काम कर रहे हैं, परंतु मिडिल क्लास के लोग ही हैं। वे जीवन की अच्छी चीज़ें को पसंद करते हैं, जैसे कि अच्छा खाना तथा बढ़िया म्यूज़िक। बिनायक ने ख़ुद को अपनी क्लास से

जुदा नहीं किया है; वह एकदम से हारे हुए और निराश एक्टिविस्ट नहीं हैं।" (*ibid*, pp.125)

डॉ. साइबल जाना, जो डॉ. सेन के साथ डल्ली राझरा के अस्पताल में काफ़ी निकट सहयोगी रह चुके हैं, कहते हैं: "लोग बिनायक को एक व्यक्ति के तौर पर पसंद करते हैं। वे उनको एक ऐसे समर्पित कार्यकर्ता तथा स्वास्थ्य प्रोफ़ेशनल के रूप में प्यार करते हैं जो इस क्षेत्र में काफ़ी समय से कार्यरत है। यही कारण है कि अलग-अलग जीवन क्षेत्रों से लोग उनको समर्थन देने हेतु संगठित हो गये।" (*ibid*, pp. 61)

उनके सभी हेल्थ वर्कर उनका गुणगान करते हैं क्योंकि उनका स्वभाव दोस्ती से भरा है, उनमें हेल्थ केयर के लिए जुनून है, उनके मन में समानता की भावना है तथा उनमें मैनेजमेंट की शक्ति भी कमाल की है। अतः उन कार्यकर्ताओं में से लगभग हरेक को अपने प्रिय डॉक्टर के बारे में बहुत कुछ कहना है। सुधा भारद्वाज कहती हैं: "उनकी गिरफ़्तारी के बाद, पुलिस ने उनके क्लीनिक पर अवैध रूप से छापा मारा, वहाँ पर पड़े सारे रिकार्ड देखे, कुछ पोस्टर फाड़ डाले, उनके गाँवों के चारों तरफ़ घेरा डाला, जहाँ वह (डॉ. सेन) काम करते रहे थे तथा गाँववालों को यह कह कर डराने की कोशिश की कि वह एक नक्सलवादी थे। उनमें से लगभग सभी ने बहादुरी से उत्तर दिया: "साहब! हमें नहीं मालूम कि वह आपके लिए क्या हैं। हमारे लिए तो वह भगवान हैं। उन्होंने हमें कई चीज़ों से बचाया है।" (*ibid* pp.41)

डॉ बिनायक सेन निश्चित तौर पर एक अनोखे व्यक्ति हैं। उन्होंने एक संवेदनशील व ज़िम्मेदार व्यक्ति के द्वारा इस्तेमाल होने वाला रास्ता ही अपनाया है। वह एक प्रगतिशील विचारक हैं तथा उनकी विचारधारा पी.यू.सी.एल. के आदर्शों तथा लक्ष्यों के द्वारा निर्मित हुई है। वह इस संस्था के एक सक्रिय सदस्य रह चुके हैं तथा अब वह पी.यू.सी.एल. (छत्तीसगढ़) की राज्य इकाई के अध्यक्ष हैं। प्रथम स्तर पर, वह एक चिकित्सक हैं जो जन स्वास्थ्य के प्रति कमिटिड हैं। द्वितीय स्तर पर, वह एक मानवाधिकार एक्टिविस्ट (activist) हैं, जो बेगुनाह लोगों पर लिए जा रहे अत्याचारों के कारण काफ़ी परेशान है। वह एक मूक दर्शक बनकर लोगों को उस प्रकार का व्यवहार पाते हुए देख नहीं सकते, जो उन्हें विकास के नाम पर दिया जा रहा है। अतः वह (डॉ सेन) ऊँचे स्वर में बात करते हैं जिनसे सत्ता के भूखे व भ्रष्ट राजनेता चिढ़ जाते हैं। वह माओवादी नहीं है तथा हिंसा में विश्वास नहीं करते हैं, परंतु वह किसी से घृणा भी नहीं करते हैं। वह बुरे स्वास्थ्य, असमानता तथा अन्याय के मूल कारणों का उन्मूलन करना चाहते हैं।

वह एक ऐसे समाज का निर्माण करना चाहते हैं जो सभी लोगों को स्वास्थ्य सेवाएं, शिक्षा तथा मूलभूत सुविधाएं प्रदान कर सके। हमें केवल एक बिनायक सेन की आवश्यकता नहीं, बल्कि उनके जैसे हज़ारों व्यक्तियों की आवश्यकता है। हमें उनके जैसे लोग चाहिए ताकि हम एक आदर्श समाज का निर्माण कर सकें।

व्यावहारिक कार्य प्रणाली

यह योग्य डॉक्टर एक आईडलिस्ट आदर्शवादी नहीं बल्कि एक प्रैक्टिकल इंसान हैं, जिसने कई कार्यों की योजना बनाई है, उनके लिए कोशिश की है तथा परिणाम भी प्राप्त किए हैं। उनके द्वारा बनाया गया मेडिकल नेटवर्क (जो छत्तीसगढ़ के पिछड़े क्षेत्रों में काम कर रहा है) इस बात का एक ठोस उदाहरण है कि उन्होंने क्या किया है। यह नेटवर्क एक आदर्श मॉडल है, जिसकी अन्य स्थानों पर नकल की जानी चाहिए, विशेषत: भारत के पिछड़े इलाकों में। इसको बाकी अविकसित देशों में भी लागू किया जाना चाहिए। किसी भी विकास के प्रयास हेतु अच्छा स्वास्थ्य अत्याधिक महत्वपूर्ण है तथा इसी कारणवश, आपने उन ग्रामीण क्षेत्रों में स्वास्थ्य की रक्षा करने पर बल दिया है जहां कोई भी डॉक्टर जाना नहीं चाहता। आपने अपने स्वास्थ्य रक्षा कार्यक्रमों के स्वप्नों को वास्तविकता में परिवर्तित किया है। आपने हज़ारों मज़दूरों तथा किसानों के जीवन का रुपांतरण इस अनूठे चिकित्सा नेटवर्क के द्वारा किया है।

डॉ. बिनायक सेन का कार्य बाकायदा काफ़ी रहा है। वह शिक्षा, प्रशिक्षण तथा अपनी परियोजनाओं के प्लानिंग के क्षेत्रों में काफ़ी रेगुलर रहे हैं। आपने एक चैतन्य निर्णय लिया। उस निर्णय को पूरा करने के लिए, आपने ग़रीबों की सेवा के लिए संजीदा कोशिशें भी कीं। आपने भारत में ग्रामीण विकास हेतु एक ख़ाका (blueprint) दिया है। इसने भारत में ही नहीं, वरन् विदेशों में भी लोगों का ध्यान आकर्षित किया है। इस बात का श्रेय छत्तीसगढ़ की राज्य सरकार के शत्रुतापूर्ण रवैये को जाता है! राज्य सरकार उनके प्रयासों की प्रशंसा करने में असफल रही तथा उसने उनके खिलाफ़ कार्यवाही (criminal proceeding) आरंभ कर दी। डॉ. सेन ने मानवों से संबद्ध कई मुद्दे उठाए हैं तथा स्वास्थ्य को भी एक मानवाधिकार बनाने की बात कही है। विश्व भर के संवेदनशील लोगों ने उनके विचार को समर्थन दिया। अत: उनके कार्यक्रम हरेक स्थान पर अधिक ध्यान प्राप्त कर रहे हैं। डॉ. बिनायक सेन के कार्यों व विचारों ने भारतीय युवाओं की कल्पना को भी छू लिया है। इन युवाओं ने भारत के राष्ट्रीय विकास तथा

सामाजिक पुन:निर्माण के कार्यों में और अधिक सक्रिय भूमिका निभाने के बारे में सोचना शुरु कर दिया है।

भविष्य की ओर: संघर्ष का अभी अंत नहीं

डॉ. बिनायक सेन के कार्य, दूरदर्शिता तथा प्राप्तियों की बड़े पैमाने पर प्रशंसा ने ना केवल छत्तीसगढ़ सरकार को, बल्कि केंद्रीय सरकार को भी हैरान कर दिया है। पंद्रह अप्रैल, 2011 को माननीय सर्वोच्च न्यायालय के द्वारा डॉ. बिनायक सेन को ज़मानत पर रिहा किया जाना सामान्य रूप से लोगों तथा विशेष रूप से पी. यू.सी.एल. के लिए एक बड़ी राहत है।

वर्तमान समय में, डॉ. सेन चिकित्सा प्रसार के अपने कार्य को प्रारंभ करना चाहते हैं। वह पी.यू.सी.एल. के एक वचनबद्ध कार्यकर्ता के तौर पर मानवाधिकारों हेतु अपना संघर्ष दोबारा आरंभ कर सकते हैं। परंतु अभी उन्हें सर्वोच्च न्यायालय में मुकदमा लड़कर अपने लिए अंतिम न्याय प्राप्त करना है। उन्हें देश के सर्वश्रेष्ठ वकीलों का समर्थन प्राप्त है। साथ ही, उन्हें बड़े पैमाने पर लोगों की शुभकामनाओं का सपोर्ट भी हासिल है। न्यायालय के मुकदमे के चलते रहने के बावजूद, डॉ. बिनायक सेन को अभी काफ़ी आगे जाना है। वह देश भर में लोगों की हसरतों का आईना बन चुके हैं। अत: उन्हें न केवल छत्तीसगढ़ के स्वास्थ्य कार्यक्रमों का ख्याल रखना है, बल्कि सारे देश की स्वास्थ्य रक्षा प्रणाली में बदलाव लाने के लिए भी अपने सुझाव देने हैं। उनकी विशेष शिक्षा, आदर्श तथा अनुभवों की सम्मुख रखते हुए, हम यह कह सकते हैं कि वह काफ़ी काम कर सकते हैं।

इस बात की उम्मीद की जा रही है कि लोग, खास तौर पर मेडिकल बिरादरी, डॉ सेन द्वारा दी गई दिशा में चलेंगे। वह राष्ट्र के एक सच्चे मित्र हैं।

अच्छे व सशक्त नेटवर्क बनाएं व उनको जीवित रखें......

अध्याय 6

माओवादी गतिविधियाँ तथा सल्वा जुडुम

आरंभः डॉक्टर का मिशन

डॉ. बिनायक सेन की मानवाधिकारों के लिए चिंता अधिक होती गई जैसे-जैसे वह छत्तीसगढ़ के पिछड़े इलाकों के लोगों के लिए स्वास्थ्य सेवा गतिविधियों में स्वयं को उलझाते गए। वह वर्ष 1980 में पी. यू.सी. एल के सदस्य बने तथा शंकर गुहा नियोगी के काफ़ी करीब रहे। नियोगी डल्ली राझरा में ट्रेड यूनियन के एक करिश्माई नेता थे। नियोगी ने उन्हें (डॉ. सेन को) ग़रीब लोगों के लिए एक सामुदायिक स्वास्थ्य कार्यक्रम आरंभ करने के लिए प्रेरित किया; ये ग़रीब लोग कस्बों व शहरों में इलाज नहीं करवा सकते थे। आपने सामुदायिक रहन-सहन की महत्ता भी जानी तथा संयुक्त प्रयासों की शक्ति को महसूस किया। इन दोनों चीज़ों के नतीजतन, डॉ. सेन ने, उन किसानों तथा मज़दूरों के जीवन आसान बनाया जिन्होंने इस आंदोलन में भाग लिया था। अपने मरीज़ों की देखभाल करते हुए, डॉ. सेन उनके साथ हमदर्दी जताया करते थे। इस तरह, उन्हें उनकी समस्याओं व कष्टों के बारे में पता चला। उनके लिए यह जानना कठिन नहीं था कि वे लोग माओवादी गतिविधियों तथा सल्वा जुडुम के दबावों के बीच में पिस रहे थे। वे इन दोनों शक्तियों का मुश्किल से ही विरोध कर पा रहे थे। अतः उनके मानवाधिकार छिन गए थे, जिसके लिए ये दोनों पक्ष (माओवादी व सलवा जुडुम) ज़िम्मेदार थे। इस प्रकार, वहाँ के लोग यह सब बेबस होकर सह रहे थे। उस संवेदनशील डॉक्टर के लिए इस सबसे अलग-थलग रहना बहुत मुश्किल था। पी.यू. सी. एल. कार्यकर्ता की हैसियत से उन्होंने इन लोगों के मानवाधिकारों के लिए लड़ना अपना फर्ज़ समझा। आपने उनको आवश्यक सहायता, सस्ती दवाईयाँ तथा स्वास्थ्य रक्षा के बारे में सलाह देने के मुद्दे पर विचार किया।

नक्सलवाद और माओवाद

भारत सरकार के अनुसार, नक्सलवाद या माओवाद देश की अखंडता के लिए दो सबसे बड़े ख़तरे हैं। माओवादी गतिविधियों के द्वारा सर्वाधिक प्रभावित राज्य हैं

आंध्र प्रदेश, कर्नाटक, छत्तीसगढ़, झारखंड, बिहार तथा पश्चिम बंगाल। इन राज्यों ने माओवादियों की समस्या से निपटने के लिए कठोर कानून बनाए हैं तथा केंद्रीय सरकार इस बग़ावत के खिलाफ़ युद्ध करने के लिए इन राज्यों की हर प्रकार से मदद कर रही है।

माओवादियों के द्वारा की जा रही हिंसा के कार्य काफ़ी परेशान करने वाले हैं। अधिकारियों का अपहरण, वाहनों या रेलगाड़ियों को बमों से उड़ाने के कारनामे (जिनमें निर्दोष लोग होते हैं) या सुरक्षाकर्मियों की बेरहम हत्या किसी भी समाज को कहीं पर भी मंजूर नहीं हैं। माओवादी अपने ट्रेनिंग कैंप लगाते हैं। वे उन देशों से हथियार जुटाने का प्रबंध कर लेते हैं जो भारत विरोधी होते हैं। वे यह सब आतंकवादी घटनाओं को अंजाम देने के लिए करते हैं। वे उन ग़रीब तथा वंचित लोगों के बीच अपने सशक्त आधार बना लेते हैं जिनको सरकार के द्वारा शायद ही कोई सुविधाएं दी जाती हैं। शासन इन लोगों को हटाने की कोशिश करता है; वह यह सब प्रगति के नाम पर करता है। वह बहुराष्ट्रीय कंपनियों को प्रोत्साहन देता है ताकि वे इस क्षेत्र की खनिज संपदा का अन्वेषण तथा (बाद में) दोहन कर सकें। अंत में, शासन कॉर्पोरेट कंपनियों की मदद भी स्पेशल इकोनॉमिक ज़ोन्स (SEZs) स्थापित करके करता है। माओवादी लोगों को आश्वस्त कर देते हैं कि वे उनके लिए लड़ेंगे तथा किसी को भी उन लोगों को उनकी ज़मीन व सामान से वंचित नहीं करने देंगे। वे इस बात का वादा भी करते हैं कि वे एक ऐसा समतावादी राष्ट्र बनाएंगे, जिसमें किसान व मज़दूर ही राज करेंगे तथा अपनी किस्मत के मालिक भी वे खुद होंगे। अत: कोई आश्चर्य नहीं कि उन्होंने अपने कायदे-कानून उन क्षेत्रों में थोप दिए हैं, जहां पर उनका दबदबा कायम है। राज्य सरकार कुछ गांवों के शासन को चलाने में नाकाम रही हैं। छत्तीसगढ़ के बस्तर क्षेत्र में विशेष रूप से माओवादी विद्रोहियों का वर्चस्व कायम है तथा सुरक्षा बल भी वहां जाने से डरते हैं। राज्य की सरकार वहां पर 'सल्वा जुडुम' की सहायता से बग़ावत को दबाने में जुटी हुई है। केंद्रीय सरकार ने देश की अखंडता के सामने खड़ी इस चुनौती का सामना करने हेतु "आपरेशन ग्रीन हंट" आरंभ किया है।

आख़िरकार, ये नक्सली तथा माओवादी हैं कौन? जस्टिस एम. एफ़. सल्दानाह (सेवानिवृत) कहते हैं:" इन इंसानों में से कोई किसी दूसरे ग्रह से नहीं आया है; न ही इनमें से कोई किसी अन्य देश से यहाँ आया है। वे (यहाँ के) मूल भारतीय हैं, जो हताशा के कारण हिंसक हो गए हैं... ये तथाकथित नक्सली तथा माओवादी सभी आदिवासी, पिछड़ी जातियों के लोग तथा अल्पसंख्यक वर्गों के सदस्य हैं, जो

आतंक तथा ज़ुल्म के शिकार रहे हैं। उनके पास वापस हमला करके बदला लेने के अलावा और कोई रास्ता ही नहीं है। सरकार एस.ई.ज़ैड (SEZ) का निर्माण करती है ताकि बड़े उद्योग वहां स्थापित किए जा सकें और यह उस कार्य की इंसानी कीमत है। यह इन सभी आंदोलनों का मूल कारण है तथा यही एक कारण है इनकी संख्या में लगातार वृद्धि होने का... *(Horrifying Human Tragedy Called Mangalore SEZ*, pp. 28-29)

माओवादी कार्यकर्ता मुख्यधारा की कम्युनिस्ट पार्टियों के साथ सहमत नहीं हैं। ये पार्टियां हैं-सीपीआई तथा सीपीएम । ऐसा इस लिए है क्योंकि वे किसानों व मज़दूरों की हालत को सुधार नहीं पाई हैं (ऐसा माओवादी कहते हैं)। यहां तक कि माओवादी भी कई गुटों में बंटे हुए हैं, परंतु उनमें से लगभग सभी राज्य सरकार या केंद्र सरकार की पॉलिसियों को सपोर्ट नहीं करते। वे सभी अपने तरीके से देश में सामाजिक-आर्थिक व सामाजिक-राजनीतिक बदलावों को लाने के लिए लड़ रहे हैं। दरअसल, भारत की वामपंथी शक्तियां देश में विकल्प बनाने में असमर्थ रही हैं। वे अपने पहुँच मार्ग में चाहे वह राजनीतिक हो या विचारधारा वाला एक जुट नहीं हैं। पश्चिम बंगाल के सिंगूर कांड ने सत्ताधारी पार्टी के द्वारा लोगों के अधिकारों की रक्षा करने के झूठे प्रचार का भंडाफोड़ कर दिया। पश्चिम बंगाल सी.पी.एम. द्वारा शासित राज्य था तथा वहां पर कई वर्षों से इसी पार्टी का शासन चलता आ रहा था। टाटा समूह के द्वारा भूमि को हड़पने की नाकाम साज़िश का वहां के किसानों द्वारा ज़बर्दस्त विरोध किया गया; ये वे किसान थे, जो इस ज़मीन की बिक्री के बाद अपनी-अपनी भूमि से विस्थापित किए जाने थे। अत: यह बहुत ज़रुरी है कि सारी समस्या को एक अलग नज़रिए से देखा जाए तथा सही ढंग से उसका समाधान निकाला जाए।

डॉक्टर सेन बन सकते हैं मीडिएटर

डॉ. बिनायक सेन के ख़िलाफ़ एक मुख्य इल्ज़ाम यह है कि वह उस इलाके में सक्रिय माओवादियों के हमदर्द तथा मददगार हैं। इसी इल्ज़ाम के आधार पर उनपर देशद्रोह का महाभियोग लगाया गया है तथा आजीवन कारावास की सज़ा भी दी गई है। वह दो साल से अधिक समय तक जेल में रहने के बाद ज़मानत पर रिहा किए गए तथा कुछ महीनों के बाद, वे दोबारा जेल में डाल दिए गए (जब उनको दी गई सज़ा की पुष्टि हुई)। 15 अप्रैल, 2011 को उनको दोबारा ज़मानत पर रिहा करते हुए, माननीय सर्वोच्च न्यायालय ने कहा कि माओवादियों से हमदर्दी रखना देशद्रोह

नहीं कहा जा सकता। अब केंद्रीय सरकार को माओवाद की समस्या से निपटने के लिए दूसरे रास्तों की तलाश करनी होगी। यहाँ तक कि श्री पी. चिदंबरम, जो भारत के केंद्रीय गृह मंत्री हैं, ने भी डॉ. बिनायक सेन को दी गई राहत पर प्रसन्नता जताई है। परंतु उनको अभी भी माओवादी विद्रोह से निपटने के लिए एक राष्ट्रीय नीति लेकर सामने आना है। श्री रमण सिंह की मुद्राएं कोई इशारा नहीं करतीं कि उनका रवैया कुछ बदला है। वह उम्मीद करते हैं कि हाईकोर्ट में चल रही कानूनी प्रक्रिया अपने अंतिम निर्णय में राज्य सरकार की नीतियों के लॉजिक को सिद्ध कर देगी। श्री रमण सिंह छत्तीसगढ़ के वर्तमान मुख्यमंत्री हैं।

यदि डॉ. बिनायक सेन के मामले को अलग लेकर चलें, तो भी माओवादी क्रियाकलापों के द्वारा प्रभावित राज्य तथा केंद्रीय सरकार को (मिलकर) इस समस्या को सुलझाने के लिए कोई प्रैक्टिकल पॉलिसी बनानी ही होगी। केंद्रीय सरकार द्वारा "आपरेशन ग्रीन हंट" का सारे भारत के मानवाधिकार एक्टिविस्टों द्वारा विरोध किया जा रहा है तथा इसका परिणाम उल्टा निकलेगा, क्योंकि यह आदिवासियों को और अधिक विमुख कर देगा तथा वे आखिरकार ज़्यादा ताकतवर होकर उभरेंगे। डॉ. बिनायक सेन ने रायपुर जेल से रिहा होने के बाद राजनीतिक बातचीत के विषय में बात की। आपने माओवाद की समस्या के निदान हेतु सेना के आक्रमण का समर्थन नहीं किया। दरअसल, डॉ. बिनायक सेन जैसे लोग इस कार्यवाही में मीडिएटर की भूमिका अदा कर सकते हैं। परंतु सरकार को यह समझना होगा कि वह लोगों के दोस्त हैं, दुश्मन नहीं।

कैसे झेला विद्रोह छत्तीसगढ़ राज्य ने

छत्तीसगढ़ की राज्य सरकार ने अपने ही तरीके से माओवादी विद्रोह से निपटने का प्रयास किया है। बस्तर के इलाके में तथा साथ ही, माओवादियों द्वारा नियंत्रित इलाकों में पुलिस कानून व्यवस्था बनाए रखने में नाकाम रही। तब सरकार ने लोगों को लोगों के साथ लड़वाने का निर्णय लिया। उसने लोगों के दलों की मदद करने, उनको सरंक्षण देने तथा उनको शस्त्रों से लैस करने की ख़तरनाक योजना बना डाली। यही लोग सरकार के द्वारा माओवादियों तथा उनके हमदर्दों के विरुद्ध लड़ने के लिए सरकार द्वारा खड़े किए गए। उनको ज़बर्दस्ती आदिवासियों को विस्थापित करने के लिए भी कहा गया ताकि बहुराष्ट्रीय कंपनियों के लिए रास्ता साफ़ हो सके तथा वे कंपनियां उस क्षेत्र की खनिज संपदा की खोज फैक्ट्रियां तथा उद्योग लगा के कर सकें। शासन ने जून, 2005 में जन जागरण अभियान को प्रायोजित किया। बाद में,

इसे "सल्वा जुडुम" का नाम दिया गया। कहने के लिए, यह माओवादियों के कार्यकलापों के विरुद्ध लोगों का एक अभियान था परंतु दरअसल, यह राज्य के द्वारा प्रायोजित बल था जिसने छत्तीसगढ़ के दांतेवाड़ा ज़िले में माओवादियों के विरुद्ध संघर्ष करना था। 'सल्वा जुडुम' के लड़ाकों में गांवों के अत्याधिक प्रेरित युवा, विशेष पुलिस अफ़सर (एस.पी.ओ. या SPOs) तथा बेरोज़गार आदिवासी शामिल थे; इन सबको सेवा देने का पारिश्रमिक मिलता था। जनवरी 2007 तक, 4,048 एस.पी.ओ. भरती हो गए थे जिनका चयन राज्य सरकार द्वारा छत्तीसगढ़ पुलिस के अंतर्गत किया गया था। उन्हें प्रति व्यक्ति 3,000 रूपए दिए जाते थे। उन्हें हथियार चलाने की ट्रेनिंग दी गई थी तथा वे संयुक्त रूप से राज्य के अर्धसैन्य बल के रूप में कार्यरत थे। वे 'सल्वा जुडुम' का मुख्य आधार थे, जो कि माओवादियों के विरूद्ध तथाकथित शांति बल बताया जाता था।

चूंकि सल्वा जुडुम को राज्य सरकार का संरक्षण प्राप्त था, इसके सक्रिय सदस्यों का ऐसे लोगों से निपटने का ढंग निराला था जो विस्थापन का विरोध करते थे। वे यही लोग थे जो माओवादियों के द्वारा प्रभावित होकर राहत शिविरों में (जो सरकार द्वारा आरंभ किए गए थे) में जाने से इंकार करते थे। सरकार द्वारा प्रशिक्षित एस.पी.ओ. लड़ाकों के पास बंदूकें थीं। उनके पास काफ़ी ताकत थी जिसके द्वारा वे निर्दोष ग्रामीणों को अपने घर छोड़ने पर बाध्य करते थे तथा सल्वा जुडुम के राहत शिविरों में रहने के लिए उन्हें मजबूर करते थे। वास्तव में, ऐसे विस्थापित लोगों को शिविरों में सभी सुविधाएं प्रदान की जाती थीं। जो लोग सल्वा जुडुम के स्वयं-सेवकों के आदर्शों का विरोध करते थे, पीटे जाते थे। सल्वा जुडुम के इन कामुक लड़ाकों ने उन ग्रामीणों की पत्नियों का बलात्कार भी किया तथा कहना न मानने वाले युवाओं को भी मार डाला। इनको सजा देने के लिए राज्य की पुलिस ने कोई प्रथम सूचना रिपोर्ट दर्ज नहीं की। जनवरी, 2007 तक, 20 सल्वा जुडुम राहत शिविर चल रहे थे; ये तथ्य सरकार के आधिकारिक आंकड़ों से लिए गए हैं। इसके अलावा, 47,238 लोग इन शिविरों में रह रहे थे। दांतेवाड़ा ज़िले में 1,354 गांव हैं तथा उनमें से 644 गांव सल्वा जुडुम के अत्याचारों के शिकार थे। माओवादी तथा सल्वा जुडुम के लड़ाके एक दूसरे से सीधी टक्कर ले रहे थे तथा राज्य सरकार ने साफ़ तौर पर लोगों को लोगों के ही खिलाफ़ खड़ा करने के काम में सफलता पा ली थी।

डॉ. नंदिनी सुंदर, जो दिल्ली स्कूल ऑफ़ इकॉनॉमिक्स (दिल्ली विश्वविद्यालय) में समाजविज्ञान विभाग की प्रोफ़ेसर तथा अध्यक्षा हैं, ने छत्तीसगढ़ के बस्तर इलाके

के आदिवासियों का अध्ययन करने के कार्य में कई वर्ष बिताये। डॉ. सुंदर ने इस मुद्दे पर बेबाक होकर लिखा है तथा अपने विचार भी व्यक्त किए हैं। वह सल्वा जुडुम के द्वारा किए गए अत्याचारों के कारण इतनी अधिक विचलित हो गई थीं कि उन्होंने माननीय सर्वोच्च न्यायालय में एक जनहित याचिका भी दायर की थी। आपने उस जनहित याचिका में सल्वा जुडुम के कई चौंका देने वाले कारनामों का ब्यौरा दिया था तथा इस बदनाम संस्था की गतिविधियों पर रोक लगाने के लिए सर्वोच्च न्यायालय से गुहार भी की थी। आपने हिंसा व बलात्कार के शिकार लोगों के लिए मुआवज़े की राशि की भी मांग सर्वोच्च न्यायालय के सामने रखी थी। आपने शासन और इस संस्था के कार्यकलापों में आपसी गठजोड़ को साबित कर दिया था। आपने ऐसे सबूत पेश किए थे, जो यह साबित करते थे कि एस.पी.ओ. स्टाफ को वेतन देने के लिए धन जुटाया गया था तथा साथ ही, उन कार्यक्रमों व समारोहों के लिए भी धन का बंदोबस्त किया गया था जिनमें विधायक व सांसद भाग लेते थे। सल्वा जुडुम के लड़ाके लोगों को इस संस्था के द्वारा आयोजित रैलियों में भाग लेने हेतु दबाव डालते थे। वे उन लोगों को सल्वा जुडुम के सदस्य बनने, अपने गांवों का त्याग करने तथा माओवादियों के क्रोध से बचने के लिए सल्वा जुडुम के शिविरों में रहने के लिए दबाव डाला करते थे। यदि गांव वाले यह सब करने से इंकार करते थे तो वे एक्टिविस्ट उन गांव वालों को अपनी भूमि ख़ाली कर देने का निर्देश देते थे ताकि वहां पर कॉर्पोरेट कंपनियां अपनी परियोजनाएं आरंभ कर सकें। ये तथ्य व आंकड़े वास्तव में काफ़ी भयभीत करने वाले हैं तथा राज्य की कानून व्यवस्था की स्थिति को बयाँ करते हैं।

एस.पी.ओ. स्टाफ के खिलाफ एस.सी.

हाल ही में, सर्वोच्च न्यायालय ने छत्तीसगढ़ सरकार की एस.पी.ओ की नियुक्ति को लेकर नुक्ताचीनी की है। इस न्यायालय ने केंद्रीय सरकार द्वारा राज्यों को इस तरह से विशेष पुलिस दस्तों को भाड़े पर लेने के लिए आर्थिक सहायता देने के कार्य का अनुमोदन नहीं किया है। अब छत्तीसगढ़ सरकार ने ''कोया कमांडो'' नामक एक अर्धसैन्य बल का गठन किया है ताकि वह माओवादियों के ख़तरे से और अच्छे तरीके से निपट सके। राज्य सरकार ने इसी कार्य की पूर्ति हेतु धन केंद्रीय सरकार से प्राप्त किया है। जस्टिस सुदर्शन बी. रेड्डी व जस्टिस एस.एस. निज्जर, जो सर्वोच्च न्यायालय के बेंच के सदस्य हैं, ने टिप्पणी की: ''हम कभी भी नहीं जानते थे कि हम इतनी बुरी हालत में हैं... यह देश के लोगों को विभाजित करने जैसा है। आप (केंद्रीय सरकार) इस प्रकार की नियुक्ति में कैसे भागीदार बन सकते हैं?

...'' (*हिंदुस्तान टाईम्स*, 26 अप्रैल, 2011)

छत्तीसगढ़ में मानवाधिकारों का हनन

माननीय बेंच ने राज्य सरकार तथा केंद्रीय सरकार को आदेश दिया कि वे इन नियुक्तियों की इस पूरी प्रक्रिया को पुन: देखें अन्यथा न्यायालय इस मामले में एक उपयुक्त आदेश देगा। एक अन्य समाचार के अनुसार, दांतेवाड़ा ज़िले के तीन गांवों में युद्ध जैसी स्थिति कायम है। उन गांवों में लोग कोया कमांडो के द्वारा हिंसा किए जाने के डर में जी रहे हैं। ये कमांडो राज्य द्वारा प्रायोजित नक्सल-विरोधी सैनिक हैं। पी.यू.सी.एल. के द्वारा दायर की गई एक जनहित याचिका के जवाब में, सर्वोच्च न्यायालय की एक पैनल ने श्री हर्ष मंदर, जो एक विशेष कमिश्नर हैं, से उन तीन गांवों का दौरा करने के लिए कहा है तथा बाद में उनके संबंध में एक रिपोर्ट न्यायालय में दाखिल करने का आदेश भी दिया है। इन तीन गांवों के नाम हैं मोरापल्ली, तिमापुरम तथा ताड़मेटला। अन्य चीज़ों का वर्णन करने के अलावा, उस रिपोर्ट में यह भी कहा गया था कि गांव वाले लगातार भय की स्थिति में रह रहे हैं तथा इस स्थिति के बदलने की कोई संभावना नहीं। तथाकथित रूप से समझा जाने वाला उनका माओवादियों को दिया गया समर्थन गांववालों के लिए अति गंभीर परिणाम लेकर आता है। बहुत सारे ग्रामीण जेल में ठूंस दिए जाते हैं क्योंकि उनको माओवादियों का हमदर्द बता दिया जाता है। वे जेल में लंबे समय तक दु:ख भोगते रहते हैं, वह भी बिना किसी राष्ट्रीय या अंतर्राष्ट्रीय संबल के।

ज़ाहिर तौर पर, छत्तीसगढ़ की स्थिति राज्य तथा केंद्रीय सरकारों के द्वारा तुरंत व ईमानदार कार्यवाही की मांग करती है। नंदिनी सुंदर की पहल पर तथा कई अन्य नागरिकों के द्वारा दायर की गई कुछ जनहित याचिकाओं के आधार पर, "नेशनल कमिशन फ़ॉर द प्रोटेक्शन ऑफ़ चाइल्ड राइट्स" (NCPCR) को भी सल्वा जुडुम के ऐक्टिविस्टों द्वारा की गई हिंसा की तहकीकात की प्रक्रिया में शामिल किया गया था। हिंसा की ये घटनाएं दिसंबर, 2007 में हुई थीं। फ़ैक्ट-फाईंडिंग कमेटी में सुश्री शांता सिन्हा, जे.एम. लिंग्दोह (भूतपूर्व मुख्य चुनाव आयुक्त) तथा वेंकट रेड्डी शामिल थे। इस टीम की रिपोर्ट ने इस बात की पुष्टि की कि सल्वा जुडुम के सदस्यों ने हत्या व बलात्कार की घटनाओं को अंजाम दिया था तथा राष्ट्रीय मानवाधिकार कमीशन (एन.एच.आर.सी.) को कहा कि वह इस मामले की तहकीकात करे। एन. एच.आर.सी. की फ़ैक्ट-फाईंडिंग कमेटी की कमियों के बावजूद, हत्या व बलात्कार की घटनाओं की पुष्टि की गई थी तथा छत्तीसगढ़ सरकार को 30 जनवरी, 2009 तक

एक "एक्शन टेकन रिपोर्ट" दायर करवाने का आदेश दिया गया था। परंतु उस ए.टी. आर. के किसी भी उपयुक्त कदम को उठाए जाने के बारे में कोई ब्यौरा नहीं दिया गया था। यह रिपोर्ट विस्थापित लोगों के अपने-अपने गांवों में लौट जाने के मुद्दे पर मौन रही। सल्वा जुडुम के भीषण अत्याचारों के कई अन्य उदाहरण कई जनहित याचिकाओं में वर्णित किए गए तथा उनके सबूत भी संबंधित न्यायालयों में दाख़िल किए गए थे। परंतु इन अत्याचार के शिकार लोगों को राज्य सरकार की ओर से कोई भी राहत या किसी भी तरह का न्याय नहीं मिला।

जनसंघर्ष या जन के खिलाफ़ संघर्ष

भारत के विभिन्न भागों में सक्रिय माओवादी अपने संघर्ष को व्यवस्था के विरूद्ध युद्ध का नाम देते हैं तथा अपनी ही शर्तों पर क्रांति लाने के इच्छुक हैं। उनके द्वारा नियंत्रित क्षेत्रों में वे अपनी मनमानी करते हैं तथा एक समानांतर प्रशासन चलाते हैं। राज्य सरकार अपना हुक्म उन इलाकों मे चला नहीं पाती तथा यदा-कदा माओवादियों का सुरक्षा बलों के साथ सशस्त्र संघर्ष होता ही रहता है। इसके परिणामस्वरूप, दोनों पक्षों के सैनिकों की प्राणहानि होती है। माओवादी अंतर्राष्ट्रीय समुदाय का समर्थन जुटा पाने में कामयाब रहे हैं, जो (केंद्रीय) भारत सरकार के लिए काफ़ी परेशानी का विषय है। उनका नारा है ''लोगों का युद्ध।'' ''इंटरनेशनल कमेटी टू सपोर्ट दी पीपुल्स वॉर इन इंडिया'' ने सप्ताह भर के लिए एक अभियान चलाया। इसने इस युद्ध को कई देशों में चलाए रखने हेतु यह अभियान 2 से 9 अप्रैल, 2011 के मध्य चलाया था। इस कमेटी की प्रेस विज्ञप्ति में कहा गया:

"यह अभियान अंतराष्ट्रीय मज़दूर वर्ग, क्रांतिकारियों, लोकतांत्रिक ताकतों तथा सारी दुनिया के सताए गए लोगों की आवाज़ है... माओवादी कम्युनिस्ट पार्टी ऑफ़ इंडिया के नेतृत्व में भारतीय जनता श्रेणी संघर्ष का एक ऐतिहासिक पन्ना लिख रही है। भारत में जन साधारण की यह लड़ाई ज़ोर पकड़ रही है.... सी.पी.आई. (माओवादी) पार्टी के नेतृत्व में चल रही इस लड़ाई को ग़रीब किसानों, औरतों, तथा अछूतों का समर्थन हासिल है... अब वह भारत के दस राज्यों पर पेर कंट्रोल कर रही है... यह ग़रीबी, सामंती तथा पूंजीवादी शोषण के खिलाफ़ लोगों की लड़ाई है..." *(The Times of India,* 20 January, 20, 2011)

इस बात में कोई हैरानी नहीं कि भारत सरकार माओवाद की समस्या को देश की आंतरिक सुरक्षा तथा अखंडता के लिए सबसे बड़ा ख़तरा मानती है। लेकिन इस समस्या को राजनीतिक बातचीत से सुलझाने के बजाए, उसने "आपरेशन ग्रीन हंट"

आरंभ कर दिया है। अतः इसको राष्ट्रीय व अंतरराष्ट्रीय मानवाधिकार संस्थाओं से आलोचना मिली है। इस बात से विद्रोहियों का अपने मकसद के प्रति इरादा और मज़बूत हो गया है। छत्तीसगढ़ में सल्वा जुडुम के लड़ाकों तथा कोया कमांडोज़ का इस्तेमाल होने से हालात और ख़राब हो गए हैं क्यों मानवाधिकारों का हनन अक्सर हो रहा है। लोगों को माओवादी हिंसा से बचाने की बजाए, वे उन्हें घरों से बेघर कर रहे हैं और उनको उनकी भूमि से विस्थापित भी कर रहे हैं। डॉ. बिनायक सेन जैसे लोग, जो सब तरह के लोगों की सेवा करते हैं तथा उनके दुख-दर्द को सुनते हैं, शासन के द्वारा निशाने पर रखे जाते हैं। ऐसा इस बहाने को लेकर किया जाता हे कि वे (डॉ. सेन जैसे लोग) माओवादियों के हमदर्द हैं। उनको शांति वार्ता में रखने की बजाए, उनपर देशद्रोह का इल्ज़ाम लगाया जाता है और उनको सलाख़ों के पीछे बंद कर दिया जाता है। सरकार को अपनी इस पॉलिसी पर फिर से विचार करना होगा। उसे यह पॉलिसी बदलनी ही पड़ेगी, क्योंकि अपने ही लोगों के खिलाफ़ लड़ाई और अधिक गड़बड़ तथा अलगाववाद को जन्म देगी। यह पॉलिसी राष्ट्र को शांति और जनता की भलाई की ओर नहीं ले जा सकती।

राहत शिविर या यातना शिविर

मिन्नी वैद, जो एक प्रिंट तथा टी.वी. पत्रकार हैं तथा साथ ही दस्तावेज़ी फिल्में फ़िल्में भी बनाती हैं, को 'सल्वा जुडुम' के एक कैंप को देखने का मौका मिला (जब वह डॉ. बिनायक सेन पर उन्हीं के द्वारा लिखी जा रही पुस्तक के लिए जानकारी एकत्र कर रही थीं)। इस प्रक्रिया में, वह एक पैंतालीस-वर्षीय कार्यकर्ता से मिलीं, जिसका नाम हिमांशु कुमार था। वह अपना "वनवासी चेतना आश्रम" दांतेवाड़ा में चला रहा था। उसे भी माओवादियों का समर्थक बताया गया था। उसके आश्रम को बुलडोज़रों की मदद से तहस-नहस कर दिया गया। वह और उसके परिवार के सदस्य यह सब बेबस होकर देखते रहे थे। इस आश्रम ने उन लोगों को सहायता व आराम दिया, जो सल्वा जुडुम के लड़ाकों की हिंसा व बलात्कार के कुकृत्यों के शिकार हुए थे। यह आश्रम बीस वर्षों से ग़रीब आदिवासियों की कई प्रकार से सेवा करता चला आ रहा था। मिन्नी वैद, हिमांशु कुमार को एक दूसरा डा. बिनायक सेन मानती है। *(A Doctor to Defend,* pp. 155)

एक वी.सी.ए. स्वयंसेवक उन्हें डोर्ना पाल ले गया, जो 114 कि.मी. दूर था। वह उन्हें वहां पर एक 'सल्वा जुडुम' शिविर में ले गया। वहां पर टिन की छतों से बनी झोपड़ियों में लगभग 1,885 आदिवासी रह रहे थे। उस बस्ती में सभी

मूलभूत सुविधाएं थीं, जैसेकि एक स्कूल, एक डिस्पेंसरी तथा एक सामुदायिक रसोई (जहाँ से चावल व दाल उन लोगों को खिलाए जाते थे)। यह पूरी तरह से सुरक्षाकर्मियों के द्वारा रक्षित स्थल था, परंतु उसमें रहने वाले लोग अपने दुःखों की कहानियां बताने में हिचकिचा रहे थे। कुछ लोगों के द्वारा दी गई जानकारी के आधार पर, सुश्री मिन्नी वैद ने अंदाज़ा लगाया कि उन्हें अपने-अपने घरों से जबरन बाहर निकाला गया था तथा वे अपने पुराने घरों में वापस जाना चाहते थे। इन कुछेक लोगों ने भी सुश्री वैद को अपनी जानकारी काफ़ी संकोच से ही दी थी। वे माओवादी हिंसा से सुरक्षित थे, परंतु बेकार जीवन जीते-जीते तंग आ चुके थे, एक ऐसा जीवन जो उनके खेतों व सामाजिक अंचल से काफ़ी दूर था। वे एक नकली जीवन जीते लग रहे थे, एक ऐसा जीवन जिसमें सच्ची स्वतंत्रता तथा खुशी का अभाव था। आज के समय में, दांतेवाड़ा में 20 सल्वा जुडुम शिविर हैं जिनमें कुल मिलाकर लगभग 50,000 लोग अपने ही देश में शरणार्थियों की तरह रह रहे हैं।

हिमांशु कुमार ने डा. बिनायक सेन की बड़ी तारीफ़ की तथा उन्होंने सुश्री मिन्नी वैद को बताया: ''वह कभी भी नाराज़ नहीं होते थे। समस्या चाहे कितनी भी गंभीर क्यों न हो, वह अपना विचार बड़े ही शांतिपूर्ण भाव से सबके सामने रखते थे; परंतु वह यह कार्य बड़ी कुशलता से करते थे। उनके शब्दों में वज़न होता था। मैं उनके स्टाइल से बड़ा प्रभावित हुआ करता था। वह ऐसी बात की तह तक जा सकते हैं जो भड़कीली, पर वह सकते हैं। वह बड़ी नम्रता से बात करते हैं, परंतु जितनी हिम्मत से वह कार्य करते हैं, मैं उसकी इज़्ज़त करता हूँ। मैंने उनके भीतर एक प्रकार की दीवानगी देखी है।'' (ibid.pp.163)

मानवाधिकार उल्लंघन के मामले: कुछ सच्चे आंकड़े

मानवाधिकारों के उल्लंघन के कुछ मामले तथा कुछ अन्य कुरीतियों के मामले, जिनकी तहकीकात डॉ. बिनायक सेन के द्वारा पी.यू.सी एल की तथ्य खोज कमेटी के सदस्य के तौर पर की गई, ने इस दीवानगी को उजागर किया है। आईए, कुछ तथ्यों पर ग़ौर करते हैं:

(1) जनवरी, 1999 से आगे: पुलिस हिरासत में मौतें

(2) मार्च, 2002: ज़मीन का अधिग्रहण, नगरहार (बस्तर)

(3) अगस्त, 2003: पुलिस हिरासत में मौत (सरगुजा)

(4) अप्रैल 2004: 8 दांतेवाड़ा ज़िले में चुनावी धांधली (दांतेवाड़ा)

(5) नंवबर 2004: पुलिस एनकाउंटर (गोल्लापल्ली)

पी.यू.सी.एल. की टीमों (जिनमें डॉक्टर बिनायक सेन एक मुख्य सदस्य थे) के द्वारा निकाले गए निष्कर्ष राज्य सरकार के लिए काफ़ी लज्जित करने वाले मुद्दे थे। अतः उसने निर्णय लिया कि वह डॉ सेन को आज नहीं तो कल सबक अवश्य सिखायेगी। चूंकि वह पी.यू.सी.एल के महासचिव थे, वह राज्य में विभिन्न जगहों पर हो रहे मानवाधिकार हनन की घटनाओं के संदर्भ में राज्य सरकार को लिखते रहते थे। आपने भारत एल्युमीनियम कॉर्पोरेशन (बाल्को), जिंदल स्टील एण्ड पॉवर (जे. एस. पी), भिलाई स्टील प्लांट (बी.एस.पी) तथा नेशनल थर्मल पॉवर कॉर्पोरेशन (एन. टी. पी. सी.) जैसी औद्योगिक इकाईयों के प्रबंधकों के रवैये को भी अपनी नुक्ताचीनी का शिकार बनाया। ये औद्योगिक इकाईयां अक्सर अपने मज़दूरों के प्रति कठोर होती थीं, जिनको अक्सर ऐसी चोटें भी लग जाती थीं जो कभी-कभी जानलेवा सिद्ध होती थीं। आपने खुले तौर पर 'सल्वा जुडुम' का विरोध किया, जिसका काम माओवादियों के विरूद्ध मोर्चा बनाकर संघर्ष करना था। परंतु वास्तव में, वे (सल्वा जुडुम के लड़ाके) आम आदिवासियों तथा ग़रीब लोगों को टार्चर कर रहे थे तथा उनका शोषण भी कर रहे थे। इन सदस्यों ने उन ग़रीब लोगों के घरों को नष्ट कर दिया, उनके खेतों को जला दिया तथा यहां तक कि उनकी औरतों के साथ बलात्कार भी किया। परंतु उन लोगों के खिलाफ़ कोई कार्यवाही नहीं हुई। डॉ. बिनायक सेन इन अत्याचारों को सहन नहीं कर सके तथा वह इन लोगों के अधिकारों की रक्षा हेतु उठ खड़े हुए।

बीजापुर तथा भैरामगढ़ के ब्लॉकों में मानवाधिकारों के उल्लंघन के कई मामलों के बारे में रिपोर्ट की गई। ये दोनों स्थान दांतेवाड़ा ज़िले में अवस्थित हैं, जो बस्तर में हैं। पांच संस्थाओं से 14 सदस्यों की एक टीम बनाई गई, जिसे इन सभी रिपोर्टों की छानबीन करने को कहा गया। यह रिपोर्ट 28 नंवबर से 1 दिसंबर, 2005 के दौरान दर्ज करवाई गई थीं। डॉ. बिनायक सेन उस टीम के एक सदस्य थे। काफ़ी अच्छी तरह से छानबीन करने तथा लोगों (जिनमें माओवादियों के हमदर्द तथा सरकारी अधिकारी भी शामिल थे) के साथ सांझी बैठकें करने के बाद, टीम ने एक विस्तृत रिपोर्ट प्रस्तुत की। इस रिपोर्ट का शीर्षक इस प्रकार है: "When the State Makes War on Its Own People."

इस रिपोर्ट ने उन विस्थापित आदिवासियों के दु:खों का वर्णन किया, जिन्हें उनके अपने गांवों को छोड़ने पर मजबूर किया गया था ताकि टाटा स्टील प्लांट व एस्सार स्टील प्लांट जैसे कॉर्पोरेट दिग्गजों के लिए रास्ता साफ़ हो सके। ये कंपनियां

उस क्षेत्र में हज़ारों करोड़ों रुपयों का अंधाधुंध निवेश करने वाली थीं। ये विकास परियोजनाएं आदिवासियों के द्वारा बड़ी कीमत चुकाए जाने के बाद ही वहां लगाई जानी थी। ऐसा इस लिए था, क्योंकि वे लोग उस भूमि व उन्हीं जंगलों से अपनी आजीविका कमाते थे जहां पर वे रहा करते थे। रिपोर्ट ने उस क्षेत्र में शासन के पूर्ण अभाव के मुद्दे को उजागर किया। उस सारे क्षेत्र में शिक्षा, स्वास्थ्य रक्षा, पेयजल तथा भोजन के लिए पर्याप्त सुविधाएं नहीं थी। इस रिपोर्ट ने सल्वा जुडुम के कुटिल कार्यकलापों तथा योजनाओं को बेनकाब कर दिया। रिपोर्ट में कहा गया था कि इस संस्था का उद्देश्य ही लोगों का दमन करना तथा वैध या अवैध तरीकों से उन लोगों के विरोध को कुचलना था। माओवादी चुनौती का सामना करना सल्वा जुडुम के एजेंडा का भाग कभी भी नहीं रहा। लोगों को सल्वा जुडुम की बैठकों में जाने के लिए मजबूर किया जाता था। उन्हें तथाकथित राहत शिविरों में जाने तथा कृषि कार्य छोड़ देने के लिए भी मजबूर किया जाता था। यदि वे उनकी बात नहीं मानते थे तो उनके घरों को जला दिया जाता था तथा उनपर कई प्रकार का ज़ुल्म ढाया जाता था। कुछेक मामलों में, लोगों की हत्या भी की गई, परंतु कोई भी पुलिस केस दायर नहीं किया गया। इस रिपोर्ट ने इन सब अत्याचार के मामलों तथा हत्याओं के संदर्भ में कानूनी कार्यवाही की मांग की, चाहे वे माओवादी हों या सल्वा जुडुम के एक्टिविस्ट। रिपोर्ट ने यह मांग भी की कि राहत शिविरों को समाप्त कर दिया जाए, लोगों का उनके अपने-अपने गांवों में पुर्नवास किया जाए तथा सभी संबद्ध लोगों के साथ ईमानदार विचार-विमर्श के द्वारा विद्रोह की समस्या को सुलझाने हेतु संजीदा प्रयासों को शुरू किया जाए। जैसे कि आशा की जा रही थी, रिपोर्ट को नज़रअंदाज कर दिया गया तथा कोई भी कार्यवाही नहीं की गई, जिसके कारण स्थिति और पेचीदा हो गई। माओवादियों तथा सुरक्षा बलों के बीच युद्ध निरंतर जारी है तथा दोनों पक्षों में प्राणहानि की रिपोर्टस लगातार आ रही है।

आज के दौर में, अर्द्धसैन्य बलों की कई बटालियनें, हज़ारों पुलिसकर्मी, एस. पी.ओ, तथा कोया कमांडो 'ऑपरेशन ग्रीन हंट'' के एक्शन में लगे हुए हैं ताकि माओवादियों को ख़त्म किया जा सके। ताड़मेटला (दांतेवाड़ा) में माओवादियों के द्वारा केंद्रीय रिज़र्व पुलिस बल के 76 जवानों की हत्या के बाद, राज्य सरकार ने इन विद्रोहियों व उनके हमदर्दों से निपटने हेतु एक बहुत ही आक्रामक नीति अपना ली है। अभी हाल ही में, ताड़मेटला लगभग राख का ढेर ही बना दिया गया था; यह कार्य सुरक्षा बलों ने ही किया था। मोरपल्ली गांव में, 37 घर जला दिए गए थे तथा 2 महिलाओं पर बलात्कार करने हेतु हमला किया गया, जैसा कि

आदिवासियों द्वारा साहसी पत्रकारों को बताया गया था। सुप्रिया शर्मा, जो उस स्थान तक प्रतिबंधों के बावजूद पहुंच पाई थी, भी उन पत्रकारों में से एक थी। तिमारपुर गांव के 50 से अधिक परिवारों को खुले में रहने के लिए मजबूर किया गया है, क्योंकि उनके घर तबाह हो चुके हैं। उपलब्ध रिपोर्टों के अनुसार, सुरक्षा बल उस क्षेत्र के तीन गाँवों में तो पागल सांडों की तरह बेकाबू हो गए थे।

"गोली के बदले में गोली" की नीति असरदार नहीं

घर में पैदा हुई इस बग़ावत को कुचलने के लिए शायद यह सही तरीका नहीं है। अत: केवल दो पक्षों वाला एक समाधान बचा है, जिसके दो उपाय हैं प्रथम, शांति प्रक्रिया को आरंभ करने के लिए संजीदा प्रयास तथा द्वितीय, नेकनीयत लोगों की सहायता से माओवादियों को बातचीत के रास्ते पर डालना। ऐसे लोग निम्नलिखित हो सकते हैं:

1. स्वामी अग्निवेश
2. प्राफ़ेसर हरगोपाल
3. हिमांशु कुमार
4. डॉ. बिनायक सेन

यह कुलीन डॉक्टर आदिवासियों तथा विश्व भर के मानवाधिकार एक्टिविस्टों से आदर प्राप्त करते हैं। ''गोली के बदले में गोली'' की नीति हमें केवल एक मुश्किल भरी स्थिति पर पहुंचा देगी। इस अंधी गली से बाहर निकलने के लिए केवल यही एक सही रास्ता है।

दोतरफ़ा हमदर्दी बनाए काम

एक सच्ची शांति प्रक्रिया आरंभ करने के लिए, सरकार व माओवादी दोनों को आत्मविश्वास की कमी के संकट पर विजय पानी होगी। जहां सुरक्षा बलों को झूठे मुकाबलों पर रोक लगानी होगी और निर्दोष लोगों का दमन रोकना होगा, वहीं पर माओवादियों को भी तर्क का रास्ता खोजना होगा तथा यह समझना होगा कि वे राज्य में एक अन्य राज्य स्थापित नहीं कर सकते हैं। माओवादियों को लोकतांत्रिक शक्तियों के साथ हाथ मिलाना ही होगा ताकि वे उन लोगों की सहायता कर सकें जिनका प्रतिनिधित्व करने का वे दावा करते हैं। यदि नेपाल के माओवादी वहां लोकतंत्रवादियों के साथ वार्तालाप कर रहे हैं तथा वह भी इतनी मुश्किलों के बावजूद, तो वे (माओवादी) भारत में भी ऐसा कर सकते हैं। वे केंद्रीय सरकार के

प्रतिनिधियों के साथ खुल कर बातचीत कर सकते हैं। आदिवासियों को उनके निवास स्थान से विस्थापित करने की नीति समाप्त होनी चाहिए। विकास के मुद्दे इस तरह से सुलझाए जाने चाहिए कि रहने वालों को पहले लाभ प्राप्त हो जाएं तथा बाकी पक्षों (सरकार, बहुराष्ट्रीय कंपनियां व अन्य पक्षों) को बाद में प्राप्त हों। हालांकि यह कठिन है, परंतु यह असंभव कार्य भी नहीं है तथा इसे संजीदा तथा ईमानदार प्रयासों के द्वारा अंजाम दिया जा सकता है।

भविष्य की ओर: दुश्मन दरअसल है दोस्त

यदि भारत सरकार इसे लोगों की सरकार समझती है तथा यदि माओवादी स्वयं को लोगों के सच्चे प्रतिनिधि कहते हैं तो उन्हें इस समस्या से निपटने के लिए आगे आना चाहिए, जो जन साधारण के हित में उठाया गया एक कदम होगा।

विद्रोह की समस्या को सुलझाने के लिए इंसानियत के हथियार का इस्तेमाल करें।

अध्याय 7

नागरिक अधिकार व मानवाधिकार

आरंभ: स्पष्ट संवैधानिक दृष्टि

भारत एक प्रभुसत्ता संपन्न लोकतंत्र है तथा भारतीय संविधान का प्रारूप विधि विशेषज्ञों ने बनाया था, जिनके अध्यक्ष डॉ. बी. आर. अंबेडकर थे। डॉ. अंबेडकर एक महान सामाजिक-राजनीतिक दूरदर्शी थे। हमारा संविधान सभी भारतीय नागरिकों को कुछ नागरिक अधिकारों की गारंटी देता है, जो निम्नलिखित सिद्धांतों के अंतर्गत प्रदान किए जाते हैं।

(क) न्याय: सामाजिक, आर्थिक तथा राजनीतिक।

(ख) सोचने, अभिव्यक्ति करने, आस्था रखने, धर्म मानने तथा पूजा करने की स्वतंत्रता।

(ग) पद तथा अवसर में समानता।

(घ) सभी नागरिकों का भाईचारा तथा व्यक्तिगत स्तर पर सम्मान।

संविधान का अनुच्छेद 19, छ: प्रकार की स्वतंत्रता की गारंटी देता है, जो नागरिक अधिकारों से संबंध रखती हैं। स्वतंत्रता के ये छ: प्रकार निम्नलिखित हैं :

(1) बोलने तथा अभिव्यक्ति करने की स्वतंत्रता।

(2) इकट्ठा होने की स्वतंत्रता।

(3) किसी के साथ जुड़ने की स्वतंत्रता।

(4) सारे देश में कहीं पर भी घूमने की स्वतंत्रता।

(5) भारत के किसी भी भाग में रहने की स्वतंत्रता।

(6) किसी भी पेशे को अपनाने की स्वतंत्रता।

संविधान के अनुच्छेद 20-22 नागरिक अधिकारों का भी विवरण देते हैं तथा उनमें जीविका कमाने का अधिकार, साफ़ वातावरण पाने का अधिकार, जल्दी (विधि) कार्यवाही करवाने का अधिकार, आदि भी शामिल हैं। इन सभी नागरिक अधिकारों का मूल अधिकारों के तौर पर संविधान में प्रावधान किसी भी भारतीय नागरिक गर्वित कर सकता है! सूचना व शिक्षा अधिकारों के संबंध में हाल ही में

हुई गतिविधियों ने हमारे संविधान को और भी उपयोगी बना दिया है। अतः कोई भी व्यक्ति लोगों की आकांक्षाओं के अनुसार समय-समय पर हो रहे संवैधानिक संशोधनों की उपयोगिता से हमेशा संतुष्टि प्राप्त कर सकता है।

यूनिवर्सल डैक्लेरेशन ऑफ़ ह्यूमन राईट्स

किसी भी समाज को नागरिक अधिकार उसके सामाजिक-राजनीतिक तंत्र द्वारा दिए जाते हैं। परंतु मानवाधिकार सार्वभौमिक (universal) अंतर्निहित (inherent), अविभाज्य (indivisible), तथा अहस्तांतरणीय (inalienable), हैं। कोई भी पुरुष तथा स्त्री जो धरती पर रह रहे हैं, इन अधिकारों का इस्तेमाल कर सकते हैं। "द यूनीवर्सल डैक्लेरेशन ऑफ़ ह्यूमन राईट्स" (The Universal Declaration of Human Rights), संयुक्त राष्ट्र संघ (United Nations Organisation or UNO), द्वारा 10 दिसंबर, 1948 को अंगीकार किया गया था। हमारे संविधान निर्माताओं को इन अधिकारों की पूरी जानकारी थी जब वे संविधान बना रहे थे।

भारत ने इस घोषणा (Declaration) पर हस्ताक्षर किए थे तथा भारत सरकार अपने नागरिकों के नागरिक अधिकारों की रक्षा करने के साथ ही, इन अधिकारों की सुरक्षा करने हेतु भी बाध्य है। इन मानवाधिकारों को जानना आवश्यक है। हमें हमारी सरकार की इन अधिकारों की रक्षा हेतु प्रतिबद्धता को भी समझना होगा क्योंकि हमारे देश ने भी इस घोषणा पर हस्ताक्षर किए हैं। सभी मानवाधिकार मूल अधिकार हैं तथा कोई भी सरकार इन अधिकारों के हनन की उपेक्षा नहीं कर सकती।

यू. एन. के मानवाधिकारों के संविधान का सार

"यूनीवर्सल डेक्लेरेशन ऑफ़ ह्यूमन राईटस" (Universal Declaration of Human Rights) यहाँ पर दिया जा रहा है, जैसाकि वह हैंडबुक ह्यून ऑफ़ राईट्स (Hand book of Human Rights, 2010), में दिया गया है। इस हैंडबुक के लेखक प्रो. प्रभाकर सिन्हा हैं, जो पी. यू. सी. एल. के राष्ट्रीय अध्यक्ष हैं।

यूनिवर्सल डेक्लेरेशन ऑफ़ ह्यूमन राईटस

आमुख

जबकि मानव परिवार के निहित सम्मान तथा उसके सभी सदस्यों के समान तथा स्थाई अधिकारों की पहचान विश्व की स्वतंत्रता, न्याय तथा शांति की आधारशिला है,

जबकि मानवाधिकारों का अनादर तथा अवमानना के परिणामस्वरूप ऐसे बर्बर कृत्य हुए हैं जिन्होंने मानवता की अंतरात्मा पर घोर अत्याचार किए हैं, तथा एक ऐसे विश्व का आगमन जिसमें सभी मानव बोलने तथा विश्वास रखने की स्वतंत्रता भोगेंगे तथा डर व अभावों से मुक्त रहेंगे, को आम लोगों के लिए सर्वोच्च आकांक्षा घोषित किया गया है,

जबकि यह अनिवार्य है, कि मानव को समाधान के तौर पर किसी ज़ुल्म तथा शोषण के खिलाफ़ विद्रोह ना करना पड़े, कि मानवाधिकार कानून के नियमों के अनुसार संरक्षित किए जाएंगे,

जबकि यह अनिवार्य है कि सभी देशों के मध्य मित्रतापूर्ण संबंधों को बढ़ावा दिया जाए,

जबकि यूनाईटिड नेशंस के लोगों ने चार्टर में मूलभूत मानवाधिकारों में अपने विश्वास की, मानव व्यक्ति के सम्मान तथा उपयोगिता में अपने विश्वास की तथा पुरुषों व स्त्रियों के लिए समानाधिकारों की पुनः पुष्टि की है तथा अधिक स्वतंत्रता में सामाजिक विकास तथा जीवन के बेहतर मापदंडों के प्रचार के लिए दृढ़ निश्चय किया है,

जबकि सदस्य राष्ट्र, यूनाईटिड नेशंस के सहयोग के साथ, मानवाधिकारों तथा मूलभूत अधिकारों के लिए वैश्विक सम्मान व अनुपालन के प्रचार व प्रसार हेतु दृढ़ प्रतिज्ञ हैं,

जबकि इन अधिकारों व स्वतंत्रताओं के बारे में आम सहमति इस प्रतिज्ञा को साकार करने के लिए सबसे महत्वपूर्ण चीज़ है,

महासभा उद्घोषणा करती है कि ये "यूनीवर्सल डेक्लेरेशन ऑफ़ ह्यूमन राईट्स" सभी लोगों व सभी राष्ट्रों के लिए प्राप्ति हेतु एक सर्वजन द्वारा प्रयुक्त मापदंड हैं, ताकि प्रत्येक व्यक्ति तथा समाज का प्रत्येक अंग, इस उद्घोषणा को मन में रखे हुए, पढ़ाने तथा शिक्षा के द्वारा इन अधिकारों व स्वतंत्रताओं को सम्मान दिलाने के लिए प्रचार करेंगे तथा प्रगतिशील तरीकों के द्वारा, जो राष्ट्रीय

व अंतर्राष्ट्रीय होंगे, वैश्विक पहचान तथा अनुपालन प्राप्त करने के कार्य करेंगे, जो कि सदस्य राष्ट्रों के लोगों के लिए तथा उन लोगों के लिए भी किए जाएंगे, जो इन सदस्य राष्ट्रों के अधिकार क्षेत्र में आने वाले इलाकों पर रह रहे हैं।

यू.एन. संविधान के अनुच्छेद

अनुच्छेद 1

सभी मानव पैदाइशी रूप से ही स्वतंत्र हैं तथा वे सम्मान व अधिकारों के संदर्भ में भी समान हैं। उनमें तर्क करने की क्षमता तथा ज़मीर है तथा उन्हें भाईचारे की भावना के साथ एक-दूसरे के साथ व्यवहार करना चाहिए।

अनुच्छेद 2

हरेक व्यक्ति घोषणा (Declaration) में वर्णित अधिकारों तथा स्वतंत्रताओं को प्राप्त करने का अधिकारी है तथा उसके साथ जाति, रंग, लिंग, भाषा, धर्म, राजनीतिक या अन्य मत, राष्ट्रीय या सामाजिक उद्‌गम, जायदाद, जन्म या किसी अन्य पद (status) के आधार पर किसी भी तरह का कोई भेदभाव नहीं होगा।

इसके अलावा, उस देश या क्षेत्र के साथ राजनीतिक, कानूनी या अंतर्राष्ट्रीय स्थित (status) के आधार पर कोई भेदभाव नहीं होगा, जिससे कोई व्यक्ति संबंध रखता है, चाहे वह देश या क्षेत्र स्वतंत्र, पराधीन अथवा, प्रभुसत्ता-संपन्नता में किसी कमी से ग्रस्त हो।

अनुच्छेद 3

प्रत्येक व्यक्ति के पास जीवन, स्वतंत्रता तथा (अपनी) सुरक्षा के अधिकार हैं।

अनुच्छेद 4

कोई भी व्यक्ति गुलामी या दासता की स्थिति में जकड़ कर नहीं रखा जा सकता; गुलामी तथा गुलामों का व्यापार अपने सभी रूपों में प्रतिबंधित किए जाएंगे।

अनुच्छेद 5

किसी को भी यंत्रणा या क्रूर, अमानवीय व्यवहार या सज़ा नहीं दी जाएगी।

अनुच्छेद 6

प्रत्येक व्यक्ति को कानून के सामने (एक व्यक्ति के तौर पर) पहचाने जाने का अधिकार है।

अनुच्छेद 7

कानून के सामने सभी समान हैं तथा बिना किसी भेदभाव के समान कानूनी संरक्षण प्राप्त करने के अधिकारी हैं, सभी लोगों को समान सुरक्षा प्राप्त करने का अधिकार है यदि उनके साथ इस घोषणा (Declaration) के उल्लंघन के दौरान कोई भेदभाव होता है तथा ऐसे भेदभाव के खिलाफ़ कोई उकसाहट होती है।

अनुच्छेद 8

प्रत्येक व्यक्ति को योग्य राष्ट्रीय ट्रिब्यूनलों से प्रभावपूर्ण उपचार पाने का अधिकार है यदि उसके मूल अधिकारों का उल्लंघन होता है जो उस व्यक्ति को संविधान का कानून के द्वारा प्राप्त हैं।

अनुच्छेद 9

किसी भी व्यक्ति को मनमानी गिरफ्तारी, नज़रबंदी या देशनिकाला की सज़ा नहीं दी जाएगी।

अनुच्छेद 10

प्रत्येक व्यक्ति को पूर्णतया समान रूप से निष्पक्ष तथा सार्वजनिक सुनवाई करवाने का अधिकार है, जो कि एक स्वतंत्र तथा निष्पक्ष ट्रिब्यूनल के द्वारा करवाई जाए। ऐसा उसके अधिकारों तथा कर्तव्यों को जानने तथा उस पर लगे किसी आपराधिक आरोप को तय करने के लिए किया जाएगा।

अनुच्छेद 11

1. किसी भी व्यक्ति पर दंड-विषयक अपराध का अभियोग लगने पर उसे यह अधिकार है कि वह बेकसूर करार दिया जाएगा जब तक कि उसे दोषी सिद्ध नहीं कर दिया जाता। यह दोषसिद्धि कानून के मुताबिक एक ऐसे सार्वजनिक ट्रॉयल में की जाएगी जिसमें उसके पास अपनी प्रतिरक्षा हेतु सभी प्रकार की गारंटियाँ होंगी।
2. किसी भी व्यक्ति को कभी भी ऐसे दंडविषयक कार्य करने या न करने के अपराध के लिए दोषी करार नहीं दिया जाएगा जो राष्ट्रीय या अंतर्राष्ट्रीय कानून के अंतर्गत दंडविषयक अपराध नहीं माना जाता; ना ही उस व्यक्ति पर उस दंड से अधिक दंड को थोपा जाएगा जो उसको दिया जा सकता था जब उसने वह दंडविषयक अपराध किया गया था।

अनुच्छेद 12

किसी भी व्यक्ति की एकांतता, परिवार, घर या पत्र-व्यवहार में अयोग्य हस्तक्षेप नहीं किया जाएगा; ना ही उसके सम्मान व प्रतिष्ठा पर आघात किए जाएंगे। प्रत्येक व्यक्ति को इस तरह के हस्तक्षेप या आघातों से कानून के द्वारा सुरक्षा लेने का अधिकार है।

अनुच्छेद 13

1. प्रत्येक व्यक्ति को घूमने-फिरने की आज़ादी तथा शासन की सीमाओं के बीच के सारे प्रदेश में कहीं पर भी अपना आवास बनाने का अधिकार है।
2. प्रत्येक व्यक्ति को अपने देश के समेत कोई भी देश छोड़ने का अधिकार है। उसको अपने देश में वापस आने का भी अधिकार है।

अनुच्छेद 14

1. प्रत्येक व्यक्ति को अपने उत्पीड़न से बचने हेतु किसी अन्य देश में शरण लेने का अधिकार है।

2. इस अधिकार का प्रयोग उत्पीड़न के उस मामले में आह्वान नहीं किया जाएगा जिसमें उस व्यक्ति का उतपीड़न ग़ैर-राजनीतिक अपराधों या संयुक्त राष्ट्र के लक्ष्यों तथा सिद्धांतों के विरुद्ध किए गए कार्यों के कारण किया जा रहा है।

अनुच्छेद 15

1. प्रत्येक व्यक्ति को नागरिकता प्राप्त करने का अधिकार है।
2. किसी भी व्यक्ति की नागरिकता मनमानी से नहीं छीनी जाएगी; ना ही किसी व्यक्ति से उसकी नागरिकता बदलने का अधिकार छीना जाएगा।

अनुच्छेद 16

1. प्रौढ़ आयु के पुरुष व महिलाएं-जाति, नागरिकता या धर्म के प्रतिबंधों के बिना को विवाह करने व परिवार बनाने के अधिकारी हैं। उन्हें शादी के अनुसार, विवाहित जीवन के दौरान तथा विवाह काल के समाप्त होने के बाद समान अधिकार प्राप्त हैं।
2. दो ऐसे महिला व पुरुष की शादी संपन्न हो सकती है जो इस बंधन के लिए अपनी उन्मुक्त तथा पूर्ण सहमति देंगे।
3. परिवार समाज की प्राकृतिक तथा मूलभूत इकाई है तथा इसे समाज व शासन के द्वारा सुरक्षा पाने का अधिकार है।

अनुच्छेद 17

1. प्रत्येक व्यक्ति को अधिकार है कि वह संपत्ति का स्वामी बने; वह दूसरे व्यक्तियों के साथ भी संपत्ति का स्वामी बन सकता है।
2. किसी भी व्यक्ति को मनमाने ढंग से उसकी अपनी संपत्ति से च्युत नहीं किया जा सकता।

अनुच्छेद 18

प्रत्येक व्यक्ति के पास सोचने, अंतरात्मा के अनुसार कार्य करने तथा धर्म अपनाने की स्वतंत्रता है; इस अधिकार के अनुसार उसे अपना धर्म या आस्था बदलने की

स्वतंत्रता है तथा साथ ही उसे अकेले या दूसरों के साथ मिलकर तथा जनसाधारण में या निजी तौर पर अपने धर्म या आस्था को पढ़ा कर, उसका अभ्यास करके, पूजा के द्वारा या अनुपालन के द्वारा प्रदर्शित करने की भी स्वतंत्रता है।

अनुच्छेद 19

प्रत्येक व्यक्ति के पास मत प्रस्तुत करने तथा बोलने का अधिकार है; इस अधिकार में बिना किसी हस्तक्षेप के अपने मतों पर कायम रहना तथा जानकारी की प्राप्ति हेतु प्रयास करना, जानकारी प्राप्त करना तथा जानकारी व विचार किसी भी माध्यम (मीडिया) के द्वारा (किसी भी तरह की सीमा या बंधन से मुक्त होकर) प्रसारित करना शामिल हैं।

अनुच्छेद 20

1. प्रत्येक व्यक्ति को शांतिपूर्ण ढंग से (साक्ष्यों के साथ) इकट्ठा होने तथा किसी भी संस्था से जुड़ने का अधिकार है।
2. किसी व्यक्ति को किसी भी संस्था से जुड़ने के लिए बाध्य नहीं किया जा सकता।

अनुच्छेद 21

1. प्रत्येक व्यक्ति के पास अपने देश की सरकार (के कार्यों) में भाग लेने का अधिकार है; वह यह प्रत्यक्ष तौर पर अथवा स्वतंत्रता से अपने द्वारा प्रतिनिधियों के द्वारा कर सकता है।
2. प्रत्येक व्यक्ति को अपने देश की जनसेवाएं समान रूप से प्राप्त करने का अधिकार है।
3. जनता की इच्छा सरकार की सत्ता का आधार होगी; यह इच्छा आवर्ती तौर पर कराए गए उचित चुनावों के द्वारा प्रदर्शित की जाएगी जो व्यापक तथा समान मताधिकारों के द्वारा आयोजित करवाए जाएंगे तथा गुप्त मतदान के द्वारा किए जाएंगे या इसके समान स्वतंत्र मतदान प्रक्रियाओं के द्वारा करवाए जाएंगे।

अनुच्छेद 22

1. समाज के एक सदस्य की हैसियत से, प्रत्येक व्यक्ति के पास सुरक्षा का अधिकार है तथा वह, राष्ट्रीय प्रयास, अंतर्राष्ट्रीय सहयोग तथा शासन के तंत्र तथा संसाधनों के अनुसार, उन आर्थिक, सामाजिक तथा सांस्कृतिक अधिकारों के योग्य है, जो उसके सम्मान तथा उसके व्यक्तित्व के स्वतंत्र विकास हेतु अपरिहार्य हैं।

अनुच्छेद 23

1. प्रत्येक व्यक्ति को कार्य करने, अपना रोज़गार अपनी स्वतंत्रता से चुनने, न्याय-संगत व उपयुक्त कार्यस्थल परिस्थितियों को चुनने तथा बेरोज़गारी से स्वयं को सुरक्षित करने का अधिकार हैं।
2. प्रत्येक व्यक्ति को, बिना किसी भेदभाव के, अधिकार है कि उसे समान कार्य का समान वेतन मिले।
3. किसी भी व्यक्ति को, जो कार्य करता है, उचित न्याय संगत व अनुकूल वेतन लेने का अधिकार है ताकि वह स्वयं को तथा अपने परिवार को ऐसा जीवन दे सके जो सम्मान से पूर्ण हो तथा इस जीवन को सामाजिक सुरक्षा के अन्य साधन भी, यदि आवश्यकता हो, मुहैया करवाए जा सकें।
4. प्रत्येक व्यक्ति को ट्रेड यूनियन बनाने तथा उनके सदस्य बनने का अधिकार है ताकि वह अपने हितों की रक्षा कर सके।

अनुच्छेद 24

प्रत्येक व्यक्ति को आराम करने व स्वयं फ़ुरसत के क्षण बिताने का अधिकार है, जिसमें कार्य के लिए घंटों के निर्धारण तथा वेतन सहित आवर्ती छुट्टियों का अधिकार भी शामिल हैं।

अनुच्छेद 25

1. प्रत्येक व्यक्ति को ऐसे जीवन स्तर को पाने का अधिकार है जो उसके तथा उसके परिवार के स्वास्थ्य तथा कल्याण के लिए उपयुक्त हो, जिसमें

भोजन, कपड़ा, मकान, चिकित्सा सेवा तथा आवश्यक सामाजिक सेवाएं भी शामिल हैं, तथा उसे बेरोज़गारी, बीमारी, विकलांगता, विधवापन, बुढ़ापे या किन्हीं परिस्थितियों के कारण आजीविका के अभाव में भी सुरक्षा का अधिकार प्राप्त है।

2. मातृत्व तथा बचपन दोनों को विशेष ध्यान तथा मदद प्राप्त करने का अधिकार है। सभी बच्चे, चाहे वे शादी की प्रक्रिया के कारण या अन्यथा पैदा हुए हों, को भी वही सुरक्षा प्राप्त है।

अनुच्छेद 26

1. प्रत्येक व्यक्ति को शिक्षा का अधिकार प्राप्त है। शिक्षा कम से कम प्राथमिक स्तरों पर निःशुल्क प्रदान की जाएगी। प्रारम्भिक शिक्षा अनिवार्य होगी। तकनीकी तथा व्यावसायिक शिक्षा साधारणतया उपलब्ध करवाई जाएगी तथा उच्च शिक्षा सभी के लिए, योग्यता के आधार पर, सुगम्य होगी।
2. शिक्षा मानव के व्यक्तित्व के पूर्ण विकास की ओर निर्देशित होगी तथा यह मानवाधिकारों और मूलभूत स्वतंत्रताओं के आदर की मज़बूती की तरफ़ भी निर्देशित होगी। यह सभी देशों, जातियों या धार्मिक समूहों के मध्य समझ, सहिष्णुता तथा मित्रता को प्रोत्साहित करेगी तथा यह शांति बनाए रखने के लिए यूनाईटेड नेशंस के क्रियाकलापों को आगे बढ़ाएगी।
3. माता-पिता के पास पूर्वाधिकार है कि वे अपने बच्चों को दी जाने वाली शिक्षा का चुनाव करें।

अनुच्छेद 27

1. प्रत्येक व्यक्ति को अपने समुदाय के सांस्कृतिक जीवन में स्वतंत्र रूप से भाग लेने का अधिकार है तथा सभी को वैज्ञानिक सुधारों तथा उनके लाभों में हिस्सा लेने हेतु कला का आनंद उठाने का भी अधिकार है।
2. प्रत्येक व्यक्ति को उसके वैज्ञानिक, साहित्यिक या कलात्मिक कार्यों के नैतिक तथा व्यवस हितों की सुरक्षा करने का अधिकार है, जिनका सृजन उसने स्वयं किया हो।

अनुच्छेद 28

1. प्रत्येक व्यक्ति को एक सामाजिक तथा अंतर्राष्ट्रीय प्रबंध का अधिकार है, जिसमें उसके अधिकार तथा स्वतंत्रता, जो इस घोषणा में बताए गए हैं, पूर्णरुपेण चरितार्थ हो सकें।

अनुच्छेद 29

1. प्रत्येक व्यक्ति का अपने समुदाय के प्रति कर्तव्य हैं, केवल जिसमें उसके व्यक्तित्व के पूर्णतया उन्मुक्त तथा पूर्ण विकास संभव है।
2. अपने अधिकारों तथा स्वतंत्रताओं के चुनाव की प्रक्रिया के दौरान, प्रत्येक व्यक्ति को केवल उन्हीं कमियों का सामना करना होगा, जो केवल स्वतंत्रताओं के लिए समुचित पहचान तथा सम्मान पाने हेतु कानून के द्वारा तय की जाएंगी तथा जो एक लोकतांत्रिक समाज में नैतिकता, जन व्यवस्था तथा सामान्य भलाई की न्यायसंगत आवश्यकताओं की पूर्ति के लिए कानून के द्वारा तय की जाएंगी।
3. ये अधिकारों व स्वतंत्रताओं का प्रयोग किसी भी स्थिति में संयुक्त राष्ट्र के लक्ष्यों तथा सिद्धांतों के विरुद्ध नहीं किया जाएगा।

अनुच्छेद 30

इस घोषणा का कोई भी भाग किसी शासन, गुट या व्यक्ति के लिए किसी प्रकार के ऐसे अधिकार का होना नहीं माना जाएगा, जिसका प्रयोग करके वह किसी ऐसे कार्यकलाप में संलिप्त हो जाए या कोई ऐसा कार्य करे, जिसमें इस घोषणा में शामिल अधिकारों व स्वतंत्रताओं में से किसी एक का भी विनाश करने का लक्ष्य निहित हो।

कानूनी सलाहकारों के विचार

जस्टिस होस्बेट सुरेश के अनुसार, "मूलभूत अधिकार, मानवाधिकारों की भांति, शासन पर तथा उसके अधिकारियों पर (कानूनी तौर पर) लागू किए जा सकते हैं। ...शासन को ही मूलभूत अधिकारों की सुरक्षा की गारंटी देनी होगी तथा इनके उल्लंघन की घटनाओं को रोकना होगा। "यूनीवर्सल डेक्लेरेशन ऑफ़ ह्यूमन राईट्स" (Universal

Declaration of Human Rights) के अंतर्गत, शासनों (देशों) ने स्वयं को मानवाधिकारों तथा मूलभूत स्वतंत्रताओं के सम्मान व अनुपालन हेतु प्रतिभूत किया है।" *(All Human Rights are Fundamental Rights,* pp.10).

भारतीय संदर्भ में 'शासन' शब्द केंद्रीय सरकार तथा विभिन्न राज्यों की सरकारों के लिए प्रयोग में लाया जाता है। प्रत्येक सरकार मानवाधिकारों को प्रत्येक उस स्थान पर सम्मानित करने तथा उनकी सुरक्षा करने हेतु बाध्य है जहां पर उसका अधिकार क्षेत्र है।

छत्तीसगढ़: मानवाधिकार हनन की रंगशाला

जहां मानवाधिकार के उल्लंघन के मामले भारत के कई राज्यों में सामने आए हैं, वहीं छत्तीसगढ़ की स्थिति काफ़ी शोचनीय प्रतीत होती है। स्वयं राज्य सरकार भी मानवाधिकारों के उल्लंघन के गई कार्यों में संलिप्त है, जो वह अपने पुलिस बल तथा केंद्रीय सुरक्षा बलों के बूते करवा रही है। सरकार के द्वारा समर्थित सल्वा जुडुम के एक्टीविस्ट तथा कोया कमांडोज़, जो माओवादी उग्रवादियों के खिलाफ़ लड़ने के लिए चुने गए थे, उन मासूम आदिवासियों पर जुल्म ढा रहे हैं जो विकास के नाम पर कॉर्पोरेट कंपनियों द्वारा अपनी भूमि से विस्थापित किए जा रहे हैं। लगभग 1200 गांवों (जो दो ज़िलों-दांतेवाड़ा तथा बीजापुर-में अविस्थित हैं) के आदिवासी सर्वाधिक प्रभावित हैं; ये दोनों बस्तर क्षेत्र के भाग हैं। इन गांवों की जनसंख्या लगभग 7.19 लाख है तथा इस जनसंख्या का 78.5 प्रतिशत भाग आदिवासी हैं। इन गांवों से लगभग 3.5 लाख लोगों को उनके घरों से विस्थापित कर दिया गया है। उनमें से बहुत सारे लोग राज्य सरकार द्वारा लगाए गए कैंपों में रह रहे हैं तथा उनकी सुरक्षा सल्वा जुडुम के सक्रिय सदस्य तथा सुरक्षा बलों के जवान कर रहे हैं। वे उन्हें माओवादी हिंसा से बचा रहे हैं। अन्य (अपने घरों से) भाग गये हैं तथा आंध्र प्रदेश चले गए हैं तथा कुछ अन्य भाग कर जंगलों में चले गए हैं। भागने वाले ये सभी लोग सुरक्षा बलों तथा माओवादियों के बीच हो रही गोलीबारी से बचने के लिए भागे हैं। इन त्यागे गए गांवों के बहुत सारे लोगों का अता-पता नहीं मिल सका है। इन अभागे पुरुषों, महिलाओं तथा बच्चों के मानवाधिकारों की धज्जियाँ उड़ गई हैं। इस क्षेत्र में शासन नाममात्र को भी नहीं है तथा लोगों को नागरिक अधिकारों की सुरक्षा भी प्राप्त नहीं है। ना तो राज्य सरकार तथा ना ही केंद्रीय सरकार इस क्षेत्र में हो रहे मानवाधिकार के उल्लंघन के मामलों के बारे में सच्चे रूप से चिंतित नज़र आ रही है।

सुधा भारद्वाज, जो पी.यू.सी.एल. (छत्तीसगढ़) की महासचिव हैं, ने कहा है: "लगभग 644 गांवों में -कई अनुमानों के अनुसार, 700 गांवों में-घर ख़ाली हो गए थे तथा 3.5 लाख लोग बीजापुर तथा दांतेवाड़ा ज़िलों से विस्थापित कर दिए गए थे। सरकार हमें यह विश्वास दिलाना चाहती है कि यह सब अपने-आप ही हुआ, क्योंकि ये सभी आदिवासी नक्सालवादी हिंसा से डर कर (घर छोड़कर) भागे थे। उनके अनुसार, 24 सल्वा जुडुम शिविर लगाए गए थे ताकि हिंसा से बचकर भागनेवालों को उनमें शरण दी जा सके। बार-बार, इन शिविरों में करवाए गए सर्वेक्षणों ने विपरीत परिणाम दिखाए हैं-लोग इन शिविरों में ज़बर्दस्ती लाए गए थे या उनको उनकी इच्छा के खिलाफ़ इन शिविरो में ठूंसा गया था तथा अक्सर उनको तब इन शिविरों में वापस भी ले जाया गया था जब उन्होंने वहां से पलायन करने का प्रयास किया। इसके अलावा, यदि हम इस बात में विश्वास कर भी लें, सरकारी शिविरों में 47,000 लोग थे जो कि विस्थापित संख्या का सिर्फ 13 प्रतिशत भाग बनता है। विस्थापित जनसंख्या का लगभग 75 प्रतिशत अर्थात लगभग 2.6 लाख लोगों ने शिविरों का चुनाव नहीं किया तथा जंगलों में या उनके बाहर रहना ही उचित समझा, चाहे कि वे सब अपराधी ही क्यों ना घोषित किए जाएं।" *(Greatest Displacement Bravest Resistance,* pp. 32*)*.

भारत सरकार ने राष्ट्रीय मानवाधिकार कमीशन (National Human Rights Commission or NHRC) का गठन किया है तथा उसकी शाखाएं सभी राज्यों में स्थापित की हैं ताकि देश भर में मानवाधिकारों की रक्षा हो सके। इन उच्च अधिकारों से लैस संस्थाओं के होते हुए भी, सब जगह मानवाधिकारों का उल्लंघन हो रहा है। इस संदर्भ में छत्तीसगढ़ सबसे अधिक गड़बड़ी वाला राज्य है। जब मानवाधिकारों के संरक्षक स्वयं मानवाधिकारों को भंग करने वाले बन जाते हैं तो कष्ट पा रहे लोगों की कौन सहायता करेगा? यदि कहीं पर भी विकास परियोजनाओं पर कार्य करना है तो उस क्षेत्र के लोगों को विश्वास में लिया जाना चाहिए। जब तक उनसे परामर्श नहीं लिया जाता तथा जब तक उनको उचित मुआवज़ा नहीं मिलता, इन परियोजनाओं को सरकार के द्वारा आरंभ नहीं किया जाना चाहिए। कॉर्पोरेट कंपनियों को उस क्षेत्र के अन्वेषण तथा उसके अंदर मौजूद खनिज संपदा के दोहन के लिए इजाज़त देने के लिए, ग़रीब आदिवासियों को जबरन उनके घरों से हटाया जा रहा है तथा उनके नागरिक अधिकारों व मानवाधिकारों का खुले तौर पर उल्लंघन किया जा रहा है। भारतीय संविधान इन सभी घटनाओं का एक

मूक दर्शक है, जो छत्तीसगढ़ के पिछड़े इलाकों में देखने में आ रहा हैं। एन.एच. आर.सी. (NHRC) इन दुर्भाग्यपूर्ण घटनाओं पर कोई भी कार्यवाही नहीं करता, चाहे कि मीडिया इन घटनाओं को बढ़-चढ़ कर उछालता है। लोगों की एकमात्र उम्मीद पी.यू.सी.एल. से है, जो एक मानववादी डॉक्टर के द्वारा निर्देशित है। परंतु डॉ. बिनायक सेन को काफ़ी लंबे समय के लिए बंदी बनाकर रखा गया। उनको सर्वोच्च न्यायालय द्वारा ज़मानत पर रिहा किए जाने के बावजूद, वह अभी भी न्याय पाने के लिए कानूनी लड़ाई लड़ रहे हैं। प्रो. प्रभाकर सिन्हा कहते हैं: "वस्तुत: सरकारें स्वयं ही अधिकारों का उल्लंघन करती हैं, एक ओर वे वादा करती हैं कि उनके नागरिकों को मानवाधिकार दिए जाएंगे। परंतु दूसरी ओर, वे अपनी मर्ज़ी से उन अधिकारों का उल्लंघन करती है। भारत सरकार कुछ कानूनों को बनाकर मानवाधिकारों का उल्लंघन करती है। वह ऐसे कानूनों को अधिनियम बनाकर लागू कर देती है, जो जानबूझ कर मानवाधिकारों का उल्लंघन करते हैं। वह ऐसा एक सोची-समझी योजना के अंतर्गत करती है।" *(A Handbook of Human Rights*, pp. 26) यह दोहरी व्यवहार प्रक्रिया समाप्त होनी चाहिए (यदि भारत में मानवाधिकारों की कोई प्रासंगिकता है) तथा भारतीय सरकार को नागरिक अधिकारों की सुरक्षा हेतु गारंटी देनी ही होगी।

भविष्य की ओर: करें जागरूक सबको

हाल ही में, एक राष्ट्रीय गोष्ठी का आयोजन किया गया था जिसका शीर्षक था:

"Attack by the State on Life and Personal Liberty of its People in Democratic India".

यह गोष्ठी "गांधी पीस फ़ाउंडेशन" नई दिल्ली में 7-8 मई, 2011 के दौरान आयोजित की गई थी। इस गोष्ठी का लक्ष्य था-देशद्रोह, अन्य काले कानूनों तथा आम कानूनों के अंतर्गत नागरिकों के मानवाधिकारों के उल्लंघन की जांच। यह गोष्ठी पी.यू.सी.एल. के तत्वावधान में आयोजित की गई थी तथा इसमें पूरे भारत से प्रतिनिधियों ने भाग लिया था, जिनमें छत्तीसगढ़ से प्रतिनिधि भी आए थे। इस गोष्ठी की अध्यक्षता डॉ. बिनायक सेन ने की थी, जो अब ज़मानत पर रिहा है तथा मानवाधिकारों के संरक्षण के अंतर्राष्ट्रीय चिन्ह बन चुके हैं। भाग लेने वालों में विधि विशेषज्ञ, सामाजिक कार्यकर्ता, उत्पीड़ित व्यक्ति (जिन्होंने ये दु:ख झेले), शिक्षा शास्त्री तथा मीडिया के प्रतिनिधि

शामिल थे। जवान व बूढ़े लोगों ने समान रूप से मानवाधिकारों के उल्लंघन के विरुद्ध अपने विचार बेहिचक होकर प्रस्तुत किए; भारत में इन अधिकारों का शर्मनाक तरीके से उल्लंघन किया जा रहा है। एक सशक्त विचार, गोष्ठी में महसूस रखा गया, वह था सारे देश की मानवाधिकार संस्थाएं इस स्थिति का सामना करने हेतु इकट्ठी हो जाएं तथा भारत में हो रहे मानवाधिकारों के उल्लंघन की घटनाओं के विरुद्ध संघर्ष करने के लिए एक सांझा मोर्चा कायम करें। यदि भारत को एक प्रभुसत्ता-संपन्न लोकतांत्रिक देश की तरह संसार में रहना है तो लोगों की प्रभुसत्ता-संपन्नता को एक हक़ीकत बनाना होगा तथा उनके नागरिक अधिकारों तथा मानवाधिकारों को किसी भी क़ीमत पर सुरक्षित करना होगा।

समान पैदा हुए थे? तो समान बर्ताव से वंचित क्यों?

अध्याय 8

गुनाह और सज़ा

आरंभः जेल एक मसीहा के लिए

- क्या है बिनायक सेन का अपराध?
- उन्हें दो सालों और 4 महीनों के लिए जेल में क्यों रखा गया?
- क्या उन्हें एकांत कारावास के लिए रुही क़ैदी माना जा सकता था?
- क्या उन्होंने वास्तव में अपने देश का नुकसान किया है?
- क्या वह लोगों के दुश्मन हैं?

ऐसे प्रश्न स्वाभाविक रूप से किसी व्यक्ति के मन में आते हैं जब उसे पता चलता है डॉ. बिनायक सेन पर देशद्रोह का अभियोग लगाया गया है। दूसरे शब्दों में, वह एक ग़द्दार हैं। 'देशद्रोह' शब्द (sedition) का शब्दकोश से अर्थ निकलता है ऐसा व्यवहार या भाषण जो किसी शासन, या राजा की सत्ता के विरुद्ध विद्रोह को भड़काए। डॉ बिनायक सेन ने ऐसा कुछ भी नहीं किया है। उनकी भाषा और हाव-भाव बहुत ही कोमल हैं। वह एक अहिंसक तथा ज़िम्मेदार इंसान हैं, जो किसी भी दूसरे इंसान को अपने शब्दों या काम से दुखी नहीं करेगा। गांधी पीस फ़ाउंडेशन, नई दिल्ली में आयोजित एक राष्ट्रीय सेमिनार, जो 7-8 मई, 2011 को आयोजित हुआ था, वह अंतिम सेशन के अध्यक्ष थे। इस सेशन का नाम था "The Way Forward: Suggestions for Preparing a Charter of Demands." यह एक बड़ा ही तूफ़ानी सेशन था, जिसमें लोगों का पारा ऊपर चढ़ा था। वक्ताओं ने राज्य सरकारों की अपने-अपने राज्यों में मानवाधिकारों के हनन तथा पुलिस के द्वारा उन प्रदेशों के आम लोगों की, की जा रही दुर्गति के लिए नुक्ताचीनी की थी। एक वक्ता ने राय दी कि इस प्रकार के ज़ुल्मों के विरुद्ध लड़ने के लिए "जनसेना" (Peoples's Army) बनाई जानी चाहिए। डॉ. बिनायक सेन ने उसी समय पर उस वक्ता के भाषण को रोकते हुए कहा, "हमें ऐसी किसी भी प्रकार की सेना नहीं चाहिए; हमें अपने अधिकारों के लिए शांतिपूर्वक संघर्ष करना है तथा इसके लिए, किसी भी प्रकार के बल का प्रयोग नहीं करना है।" यह उनका उस सेशन के

अध्यक्ष के तौर पर मत था ताकि वार्तालाप को ठीक दिशा में चलाया जा सके। इस प्रकार का व्यक्ति कुछ भी हो सकता है, परंतु देशद्रोही कभी भी नहीं हो सकता।

एक परफ़ेक्ट जेंटलमैन

डॉ. बिनायक सेन कानून का पालन करने वाले नागरिक हैं। वह लोकतांत्रिक प्रक्रिया में विश्वास रखते हैं तथा अपने विचार प्रकट करने के लिए कानूनी रास्ते ही अपनाते हैं। वह अन्याय का विरोध करने के लिए भी ऐसे ही तरीके अपनाते हैं। उनकी मानवाधिकारों के लिए सक्रियता माओवादी विचार का फल नहीं, बल्कि यह भारतीय संविधान के सिद्धांतों (Directive Principles) पर आधारित है। ये सिद्धांत अवसरों की समानता, अभिव्यक्ति की स्वतंत्रता, विचार करने की स्वतंत्रता, अन्याय व भेदभाव से सुरक्षा (जो धर्म, लिंग, जाति, आर्थिक स्थिति, जन्म स्थान आदि पर आधारित हो) की गारंटी देते हैं। भारत सरकार भी "यूनीवर्सल डेक्लेरेशन ऑफ़ ह्यूमन राईट्स" के घोषणा पत्र पर हस्ताक्षर कर चुकी है। इसने यू.एन.ओ (UNO) के द्वारा आगे पेश किए गए सभी प्रस्तावों का, जो मानवाधिकारों के मुद्दों से संबद्ध थे, अनुमोदन किया है। डॉ. सेन इन अधिकारों की रक्षा हेतु खड़े हैं। वह चाहते हैं कि राज्य सरकार छत्तीसगढ़ के ग़रीब आदिवासियों हेतु सम्मान का जीवन सुनिश्चित करे। वह उनकी समस्याओं का न्यायोचित समाधान चाहते हैं तथा सभी के लिए मानवीय व्यवहार की मांग करते हैं। वह सल्वा जुडुम द्वारा ढाए जा रहे अत्याचारों का विरोध करते हैं, क्योंकि वे (सल्वा जुडुम के एक्टिविस्ट) आदिवासियों के नागरिक अधिकारों व मानवाधिकारों की अवमानना करते हें। आपने कभी भी निर्दोष ग्रामीणों अथवा सुरक्षा बलों के विरुद्ध माओवादियों द्वारा की जा रही हिंसा का समर्थन नहीं किया है। उनको देशद्रोही कहना कानून का मज़ाक उड़ाने के बराबर है।

अपनी ड्यूटी पर कायम

जहाँ तक स्वास्थ्य शिक्षा तथा स्वास्थ्य रक्षा के क्षेत्रों में उनके कार्यकलापों का संबंध है, वह वही सब कर रहे हैं, जो एक ज़िम्मेदार सरकार को स्वयं करना चाहिए। वह एक उच्च शिक्षा प्राप्त तथा सक्षम डॉक्टर हैं जिसने अपनी चिकित्सा संबंधी शिक्षा भारत के सर्वश्रेष्ठ संस्थान से पूरी की है। आपने कई डिस्टिंक्शंस (distinctions) भी अर्जित की हैं। आपने छत्तीसगढ़ के ग़रीब आदिवासियों की सेवा करने का निश्चय किया है। भारतीय संविधान उनको भारत में उनकी पसंद की

किसी भी जगह पर रहने तथा अपने पेशे की प्रैक्टिस करने की इजाज़त देता है। छत्तीसगढ़ की सरकार ने स्वयं भी उनके प्रोफ़ेशनल ज्ञान का उपयोग किया है; इसने डॉ. सेन को अपने (सरकार के) द्वारा चलाए जा रहे स्वास्थ्य रक्षा कार्यक्रम के साथ संबंद्ध किया था। परंतु उनके विरुद्ध दायर की गई चार्जशीट में, राज्य सरकार ने चिकित्सा में प्रैक्टिस के क्षेत्र में उनको 'ज़ीरो' बताया है। एक चिकित्सक, जिसने एक प्रभावी चिकित्सा नेटवर्क अपने कार्यक्षेत्र में बनाया है तथा अपने सादे परंतु सफल इलाज के द्वारा हज़ारों बीमार लोगों के प्राण बचाए हैं, को राज्य सरकार के द्वारा "नक़ली डाक्टर" करार दिया जा रहा है। किसी भी व्यक्ति को यह सोच कर अचरज होगा कि अपराधी कौन है व्यक्ति अथवा शासन?

फिर भी, हम डॉ. बिनायक सेन के द्वारा किए गए अपराध को समझने का प्रयास करें, जो छत्तीसगढ़ सरकार ने तथाकथित रूप से उनपर लगाया है तथा यह जानें कि अदालतों के द्वारा उन्हें उस अपराध की कितनी सजा दी गई है।

गिरफ़्तारी और जेलबंदी

डॉ. बिनायक सेन पश्चिम बंगाल के कल्याणी नामक स्थान पर अपनी माता, सुश्री अनुसूया सेन, से मिलने गए थे। वह मई, 2007 में अपने रायपुर वाले घर वापस आ गए थे। वह जानते थे कि उनके द्वारा सल्वा जुडुम की नुक्ताचीनी करने के कारण सरकार उनके बारे में कुछ अच्छा नहीं सोचती थी। वह डॉक्टर के पी.यू. सी.एल. के महासचिव के तौर पर किए गए कार्यकलापों के कारण भी उनके बारे में सकारात्मक नहीं थी। उनके मित्रों ने उनको चेतावनी दी थी कि उनको उनकी रायपुर वापसी पर गिरफ़्तार किया जा सकता है, परंतु वह ना तो भयभीत थे और ना ही इसके बारे चिंतित थे। वह सुधा भारद्वाज से मिलने गए, जो एक वकील तथा मानवाधिकार सक्रियतावादी हैं। उन दोनों की मुलाकात 14 मई, 2007 को हुई। तभी, एक पुलिसवाले ने उनसे संपर्क स्थापित किया तथा उन्हें तार बहार पुलिस थाने में आकर अपना बयान दर्ज करवाने को कहा। वह सुधा भारद्वाज के साथ उक्त पुलिस थाने में गए, जहाँ वह (डॉ. सेन) गिरफ़्तार कर लिए गए। उनकी डॉक्टरी जाँच की गई तथा बाद में उन्हें बिलासपुर के चीफ़ जुडीशियल मजिस्ट्रेट (Chief Judicial Magistrate) के सामने पेश किया गया। न्यायाधीश ने उन्हें जेल भेज दिया। उन्हें ज़मानत पर रिहा नहीं किया जा सका, क्योंकि वह राज्य की सुरक्षा के लिए एक ख़तरा थे। मानवाधिकार एक्टिविस्टों तथा डॉक्टरों के द्वारा उनको छुड़ाने के लिए की गई कोशिशें भी बेकार साबित हुईं। इसके अलावा, एमनेस्टी इंटरनेशनल

(Amnesty International) के द्वारा इसी संबंध में की गई प्रार्थना को भी (शासन के द्वारा) नज़रअंदाज़ कर दिया गया। वह 5 जून, 2007 को न्यायालय में पुनः पेश किए गए। उन्होंने राज्य की पुलिस के द्वारा लगाए गए सभी झूठे इल्ज़ामों का खंडन किया। इलीना सेन (डॉ. सेन की पत्नी) ने राष्ट्रीय मानवाधिकार आयोग (National Human Rights Commission) से संपर्क स्थापित कर अपने पति को बिना किसी पत्र के अवैधपूर्ण तरीके से गिरफ़्तार किए जाने पर न्याय के लिए गुहार लगाई। परंतु डॉ सेन को कोई राहत नहीं मिली तथा 3 अगस्त, 2007 को उनके खिलाफ़ आरोप पत्र दायर कर दिया गया (जो तीन महीनों के भीतर किया जाता है)। इस ईमानदार डॉक्टर के लिए जेल एक नया घर बन गया।

भारतीय जेलों में जीवन बहुत भयानक है। बंदियों के मानवाधिकारों की कोई परवाह नहीं करता। रहने की जगह, भोजन, कपड़े, वार्डनों का बर्ताव, अस्वच्छ हालात ये सब इतने बुरे हैं कि एक संवेदनशील मनुष्य के लिए वहाँ पर जीना अत्याधिक कठिन है। यदि किसी अभागे कैदी को एकांत कोठरी (solitary cell) में डाल दिया जाए तो वह कैदी डिप्रेशन का शिकार भी हो सकता है; यहाँ तक कि, वह पागल भी हो सकता है। यह दंड क़ातिलों तथा सख़्त हो चुके अपराधियों को दिया जाता है, परंतु हमारे इस कुलीन डॉक्टर को इस नरक से भी गुज़ारा गया। उन्हें एकांत कोठरी में लगभग एक महीने के लिए रखा गया ताकि वह जेल के जीवन का असली स्वाद चख सकें। यह समय 15 मार्च से 11 अप्रैल 2008 के बीच का था। हालांकि उन्होंने यह यातना सफलतापूर्वक भोगी, यह विश्वास कर पाना कठिन है कि उन्हें राज्य सरकार के द्वारा इतनी कठोर सज़ा दी गई थी। यह राज्य सरकार भी केंद्रीय सरकार की भांति मानवाधिकारों की रक्षा हेतु उतनी ही ज़िम्मेदार है। डॉ. बिनायक सेन के रिश्तेदारों, शुभचिंतकों तथा दोस्तों ने उनकी ज़मानत पर रिहा करवाने की जी-तोड़ कोशिश की, परंतु उन्हें बिना किस शर्त उनकी ज़मानत करवाने के लिए दो वर्ष से अधिक समय लग गया। अंत में, उन्होंने सर्वोच्च न्यायालय से 25 मई, 2009 को (बिना किसी शर्त) डॉ. सेन की ज़मानत पर रिहाई करवा ली। जब रायपुर सैशंस कोर्ट ने 24 दिसंबर, 2010 को डॉ. सेन व अन्यों को आजीवन कारावास की सज़ा सुनाई, उन्हें तब तक जेल में ही रहना पड़ा, जब तक सर्वोच्च न्यायालय ने 15 अप्रैल, 2011 को उनको ज़मानत पर रिहा नहीं किया। सर्वोच्च न्यायालय ने उनके ऊपर लगाए गए इल्ज़ामों को इसी मामले में बिलासपुर उच्च न्यायालय के फ़ैसले के आने तक निलंबित कर दिया।

सर्वोच्च न्यायालय ने कहा कि डॉ. सेन के लिए दो वर्षों का समय काफ़ी लंबा व दुखद रहा।

आपराधिक मामले

अब हम डॉ. बिनायक सेन पर लगाए गए आरोपों का संक्षिप्त विवरण देंगे। प्रथम आरोपपत्र तथा अगले तीन आरोपपत्रों में उन पर काफ़ी गंभीर आरोप लगाए गए थे। उन पर भारतीय पेनल कोड (Indian Penal Code) की विभिन्न धाराओं तथा छत्तीसगढ़ राज्य के कई कानूनों (Acts) के अंतर्गत आरोप लगाए गए थे। वे धाराएं व एक्ट निम्नलिखित हैं:

क. आई.पी.सी. धाराएं 121 (a), 124 (a), 121 (b)

ख. अनलॉफुल एक्टीविटीज़ [प्रिवेन्शन] एक्ट, 2004: भाग 3, 10, 20, 21, 38, 39

ग. छत्तीसगढ़ स्पेशल पब्लिक सिक्युरिटीज़ एक्ट, 2005: भाग 2, 8 [1] [2] [3] [5]

सरकारी वकीलों (Public Prosecutors) तथा बचाव पक्ष के वकीलों (Defence Lawyers) को इन धाराओं व भागों के अंतर्गत मामलों पर जिरह करनी पड़ती है ताकि न्याय की आवश्यकताएं पूरी की जा सकें। परंतु यह बात एक दम से स्पष्ट है कि राज्य सरकार ने डॉ. सेन को इन मामलों में संलिप्त करने की इस तरह से कोशिश की ताकि वह अपने बचे हुए जीवनकाल में संघर्ष ही करते रहें। डॉ. सेन भाग्यशाली हैं कि उनको जनता तथा वकीलों की बिरादरी से काफ़ी बड़ा सहारा मिला। एक आम नागरिक पर यदि इस प्रकार के कार्यों को करने के आरोप लगाए जाते (जो उसने किए नहीं थे) तो वह निश्चित रूप से अपना दिमाग़ी संतुलन खो बैठता। अत: हम उन जुर्मों पर चर्चा करेंगे, जिनमें डॉ. सेन कथित रूप से (राज्य सरकार के द्वारा) संलिप्त बताए जा रहे हैं। ये अपराध निम्नलिखित हैं:

(क) डॉ. बिनायक सेन नारायण सान्याल के मित्र हैं, जो रायपुर जेल में बंद एक नक्सली नेता हैं। डॉ सेन ने उस नेता से एक वर्ष में 33 बार मुलाकात की थी, चाहे उन्होंने इन मुलाकातों के लिए पुलिस अधिकारियों से आज्ञा ली थी। वह नारायण सान्याल से जेलर तथा उसके मातहतों की उपस्थिति में मिले थे। उन्होंने सान्याल को डॉक्टरी राय दी थी। परंतु वे सान्याल के लिए कूरियर भी बने थे। आपने

सान्याल से तीन राजद्रोहात्मक पत्र लेकर रायपुर में पीयूष गुहा को सौंपे थे। पीयूष गुहा सान्याल के मित्र हैं। यह स्पष्ट नहीं है कि डॉ. सेन ने कैसे वे पत्र जेल के बाहर भिजवाए थे, वह भी जेलर और उसके स्टाफ़ की निगाहों के सामने।

(ख) वह उन तीन पत्रों की डिलीवरी करने के लिए पीयूष गुहा से महेंद्र होटल (रायपुर) में मिले। बाद में, अभियोग पक्ष ने यह दावा किया कि पुलिस ने पीयूष गुहा को स्टेशन रोड पर गिरफ़्तार किया था, ना कि महेंद्र होटल से। यह, अभियोग पक्ष के अनुसार, टाईपिंग की ग़लती (typing error) थी। एक कपड़ा विक्रेता, जिसका नाम अनिल कुमार है, ने गुहा को पुलिस से बात करते हुए सुना। वह पुलिस को बता रहा था कि डॉ. सेन ने वे पत्र उस तक पहुंचाए थे, अन्यथा पुलिस के पास डॉ. सेन व पीयूष गुहा की इस मुलाकात का कोई भी सबूत नहीं है। अत: अदालत से गुहार की गई कि एक राह चलते व्यक्ति (अनिल कुमार) के बयान पर कैसे विश्वास कर लिया जाए, जिसने गुहा की बात केवल सुनी थी कि वह पुलिस को इस बारे में बता रहा था तथा उसने उन दोनों (डॉ. सेन और पीयूष गुहा) को कभी भी इकट्ठे नहीं देखा था।

(ग) डॉ. सेन के रायपुर वाले घर में मिले राजद्रोहात्मक दस्तावेज़ों में निम्नलिखित शामिल हैं:

1. एक पोस्टकार्ड, जो नारायण सान्याल ने डॉ. बिनायक सेन को रायपुर सेंट्रल जेल से लिखा था।
2. एक पुस्तिका जिसका शीर्षक था: *"On the Unity between CPI (People's War) and Maoist Communist Centre."*
3. एक सी.पी.आई. (माओवादी) सदस्य के द्वारा लिखा गया एक पत्र जो डॉ. सेन को संबोधित था। यह संबोधन या "My dear comrade........."
4. एक लेख "Naxal Movement, Tribals and Women's Movement." की फ़ोटोकापी (यह लेख अंग्रेजी में था)।
5. एक हाथ से लिखे नोट (जिसके 4 काग़ज़ मिले) की फोटोकॉपी जिसका शीर्षक था: "How to Build an Anti-US Imperialist Front."
6. एक लेख, जो हिंदी में था तथा आठ पृष्ठों पर लिखा गया था तथा जिसका शीर्षक था: "Globalization and Service Sector in India."

कुल मिलाकर, दस चीज़ें उनके घर से प्राप्त हुईं थीं तथा इनकी सूची पर डॉ. बिनायक सेन तथा संबद्ध पुलिस अधिकारी के हस्ताक्षर थे। बाद में, एक ग्यारहवीं वस्तु उस सूची में डाल दी गई थी। वह एक पत्र की फ़ोटोकॉपी थी, जो सी.पी.आई. (माओवादी) के एक सदस्य ने डॉ. बिनायक सेन को लिखा था। परंतु इस पत्र पर, उस सदस्य का हस्ताक्षर नहीं था। न्यायालय इस भूल को नज़रअंदाज़ करने वाला था। इन सब दस्तावेज़ों के ज़ब्त होने के बाद, अभियोग पक्ष ने यह सिद्ध करने की कोशिश की कि डॉ. बिनायक सेन एक माओवादी थे तथा वे राष्ट्र के विरुद्ध की जा रही गतिविधियों में संलिप्त थे। उन्होंने इस बात को नज़रअंदाज़ कर दिया कि वह एक प्रज्ञाजीवी (intellectual) थे तथा पी.यू.सी.एल. (PUCL) के लोगों से मिल सकते थे। परंतु उनका रवैया तथा उनका मन केवल उनके भाषणों तथा कार्यों के द्वारा ही प्रतिबिंबित हो सकते थे, जो कभी भी उनकी संवैधानिक ज़िम्मेदारियों के विरुद्ध होते प्रतीत नहीं हुए थे। किसी भी हालत में, उनको राष्ट्र-विरोधी तथा देशद्रोही नहीं समझा जा सकता था। यह एक तथ्य है जिसकी उनके द्वारा एक डॉक्टर के तौर पर की गई निःस्वार्थ सेवा से भी पुष्टि होती है। साथ ही, इस तथ्य की पुष्टि उस मामले से भी होती है, जिसमें उन्होंने राज्य सरकार के साथ उसके स्वास्थ्य रक्षा कार्यक्रमों में साझेदारी की थी।

देशद्रोह: अजब है यह इल्ज़ाम

डॉ. बिनायक सेन के खिलाफ़ सबसे गंभीर आरोप आई.पी.सी. (IPC) की धारा 124 (a) के अंतर्गत लगाये गये थे जो देशद्रोह से संबद्ध है। जिस तरीके से इन आरोपों को खींचा गया (ताकि डॉ. सेन को धारा 124 (a) के अधीन आरोपी बनाया जा सके), वह तरीका किसी भी तर्क या सामान्य बुद्धि के किसी भी सिद्धांत की अवज्ञा करता है। यह केवल इस बात को सिद्ध करता है कि राज्य सरकार का डॉ. सेन को ऐसे मामले में उलझाने का कितना ज़िद्दी रवैया था। राज्य सरकार ऐसा रवैया अपनाकर डॉ. सेन को एकदम से लाचार बना देना चाहती थी ताकि वह कोई सामाजिक कार्य न कर सकें। वह डॉ. सेन को मानसिक तौर पर कमज़ोर कर देना चाहती थी ताकि मानवाधिकारों के प्रति उनकी कमिटमेंट को मिटा सके। उनको लगभग एक महीने के लिए रायपुर सेंट्रल जेल के एकांत कारावास में रखा जाना यह भी दर्शाता है कि जेल प्रशासन के मन में उनके प्रति कुटिल भावनाएं थीं; इन भावनाओं को राज्य सरकार के आदेश पर जेल अधिकारियों के मन में ठूंसा गया था। परंतु वे सब डॉ. बिनायक सेन की लौह-समान इच्छा को नहीं तोड़ पाए। वह

इस टॉर्चर को सह सके, क्योंकि उनकी सोच सकारात्मक थी तथा उनको सब ओर से संवेदनशील लोगों का समर्थन प्राप्त था। यह देशद्रोह का कानून वर्ष 1860 में बनाया गया था। इसमें वर्ष 1870 में संशोधन किया गया था। वर्ष 1898 में इसका धारा 124 (a) के तौर पर संशोधन तत्कालीन ब्रिटिश सरकार द्वारा किया गया था। यह इसलिए किया गया था ताकि विदेशी हुक्मरानों के खिलाफ़ स्वतंत्रता सेनानियों के विद्रोह को कुचला जा सके।

वर्तमान समय में लागू धारा में निम्नलिखित प्रावधान हैं:

"कोई भी व्यक्ति, मौखिक या लिखित रूप से, या इशारों से या किसी भी तरह की दिखने वाली प्रस्तुति के माध्यम से या किसी भी अन्य तरीके से, जो घृणा तथा अवमानना उत्पन्न करता है या उत्पन्न करने का प्रयास करता है, या भारत की कानूनी तौर पर स्थापित की गई सरकार के प्रति नफ़रत पैदा करता है या पैदा करने का प्रयास करता है, को आजीवन कारावास का दंड दिया जाएगा, जिसके साथ रुपयों का दंड भी शामिल किया जा सकता है, या उसे कारावास की सज़ा तीन वर्षों तक दी जा सकती है, जिसके साथ रुपयों का दंड भी शामिल किया जा सकता है, या दंड के तौर पर उसे रुपए अदा करने पड़ सकते हैं।"

अब यह बिलासपुर उच्च न्यायालय पर निर्भर है तथा, यदि आवश्यक हो तो सर्वोच्च न्यायालय पर भी निर्भर है, कि क्या डॉ. बिनायक सेन के द्वारा किया गया अपराध इस धारा के अंतर्गत आता है या नहीं। परंतु यह बात तो स्पष्ट है कि छत्तीसगढ़ सरकार ने डॉ. सेन के अपराध को साबित करने के लिए कोई कसर नहीं छोड़ी है। सरकार ने रायपुर सेशंस कोर्ट से डॉ. सेन की आजीवन कारावास की सज़ा दिलवा ही दी है, जो डॉ. सेन के द्वारा किए गए 'अपराध' का सर्वाधिक 'दंड' हो सकता था।

इसमें कोई आश्चर्य नहीं कि डॉ बिनायक सेन की एक के बाद एक याचिका ख़ारिज कर दी गई थी। इन सब याचिकाओं में आपने ज़मानत पर रिहा होने की विनती न्यायालय से की थी। उनकी याचिकाएं इसलिए ख़ारिज की गई थीं, क्योंकि अभियुक्त राज्य की सुरक्षा के लिए एक बड़ा ख़तरा माना जा रहा था। वह माओवादियों की तथाकथित रूप से सहायता कर रहा था जो, राज्य की संपत्ति के विनाश के लिए उत्तरदायी थे तथा निर्दोष लोगों व सुरक्षा बलों के कर्मियों की हत्या के लिए भी ज़िम्मेदार थे। डॉ. सेन को विदेश से आर्थिक मदद मिल रही थी ताकि इस धन से वह माओवादियों की मदद कर सकें। उनकी पत्नी इलीना भी विदेशों से पैसा जुटाने के प्रयासों में जुटी हुई थीं। उन्होंने बड़े ही सुविधापूर्वक तरीके से

यह भूल गए कि इलीना तथा बिनायक ने एन.जी.ओ. (NGO), जिसका नाम रूपांतर है, की स्थापना की थी तथा यह स्थानीय स्वयंसेवकों की मदद से ही अस्तित्व में आया था। उन्होंने ग़रीब आदिवासियों की सेवा हेतु अस्पताल व स्कूल आरंभ किए, उन्होंने स्वास्थ्य कार्यकर्ताओं को प्रशिक्षण दिया, जिन्होंने आगे चल कर चिकित्सा नेटवर्क बनाया ताकि दु:ख भोग रहे लोगों को राहत मिल सके। सरकार ने इस युगल को ग़लत परिपेक्ष्य में प्रतिबिंबित करने का भरसक प्रयास किया। सरकार ने डॉ. सेन की ज़मानत याचिका का जम कर विरोध करते हुए उन्हें किसी भी किस्म की राहत देने से इंकार कर दिया। परंतु सब आज नहीं तो कल उजागर हो ही जाना है। सर्वोच्च न्यायालय की 2 मई, 2007 तथा 15 अप्रैल, 2011 की टिप्पणियों में सरकार की नुक्ताचीनी की गई थी। अप्रैल 2011 में डॉ. सेन को ज़मानत पर रिहा करते हुए माननीय न्यायालय ने सरकार की डॉ. सेन की ऐसी छवि बनाने के लिए तथा इतने लंबे समय तक बिना वजह जेल में रखने पर काफ़ी खिंचाई की थी।

अदालत की बड़ी ग़लती

यह अचरज की बात है कि वह न्यायाधीश, जिसने डॉ. बिनायक सेन को देशद्रोह के कानून के अंतर्गत आजीवन कारावास की सज़ा दी थी, प्रोबेशन (probation) पर थे। याद रहे, इस अपराध का यह अधिकतम दंड है। एक प्रश्न के उत्तर में, जस्टिस राजेंद्र सच्चर, जो पी.यू.सी.एल. के भूतपूर्व अध्यक्ष हैं, ने टिप्पणी की: "उच्च न्यायालय भी इस निर्णय के लिए पूरी तरह से ज़िम्मेदार है। जिस जज ने डॉ. बिनायक सेन को आजीवन कारावास की सज़ा सुनाई थी, स्वयं प्रोबेशन पर थे। उच्च न्यायालय को यह देख लेना चाहिए था कि प्रोबेशन पर कार्यरत एक जज एक इतने महत्वपूर्ण मामले की सुनवाई ना करें, एक ऐसा मामला जिसको सारी दुनिया देख रही है। उन्हें यह सुनिश्चित कर लेना चाहिए था कि इतना महत्वपूर्ण मामला (मुकद्मा) कम समय में समाप्त कर दिया जाता तथा उसकी सुनवाई एक ही जज करता ताकि मामले को समझने में कोई अड़चन ना आती।" (तहलका, 28 जनवरी, 2011, pp. 13)

कोर्ट में केस चलते रहेंगे

इस अप्रत्याशित व सख़्त सज़ा, जो रायपुर उच्च न्यायालय के द्वारा दी गई थी, के विरुद्ध अपील का मामला बिलासपुर उच्च न्यायालय में विचाराधीन (pending)

है। न्यायालय इस मामले में की गई चूकों का अवलोकन कर सकता है तथा इस मामले में अधिक तर्कपूर्ण निर्णय पर पहुंच सकता है। फिर भी, सर्वोच्च न्यायालय के दरवाज़े इस आरोपी के लिए खुले हैं, जिनके एक मानववादी चिकित्सक तथा मानवाधिकार योद्धा के तौर पर उनके गुण-कार्य (credentials) पूरी दुनिया को मालूम हैं। यह संभव नहीं लगता कि राज्य सरकार इस मामले में अपना हाथ खींच ले तथा इस योग्य डॉक्टर की सेवाएं लेकर राज्य की सामाजिक-राजनीतिक समस्याएं सुलझा ले। उन्होंने इस (मामले) को प्रतिष्ठा का प्रश्न बना लिया है तथा वे चाहते हैं कि डॉक्टर उम्र भर जेल की सलाख़ों के पीछे ही रहे और राज्य के दु:ख भोग रहे लोगों की यातनाओं की तरफ़ ध्यान न दे पाए।

डॉ. सेन अभी ज़मानत पर रिहा हैं तथा मानवाधिकारों पर आधारित सार्वजनिक सभाओं में भाग लेते रहते हैं, परंतु उनका न्याय के लिए संघर्ष जारी है। अभी इस संघर्ष का कोई अंत दिखाई नहीं देता। माओवादियों के विपरीत, वह संवैधानिक प्रक्रियाओं में विश्वास रखते हैं, तथा देश के कानूनों का पालन करते हैं।

बिनायक सेन पर टाईमलाईन

15 अप्रैल, 2011 को ''द टाईम्स ऑफ़ इंडिया'' *(The Times of India)* ने डॉ. सेन के विषय में एक टाईम लाईन *(Time Line)* प्रकाशित की थी। हम उसका विवरण यहां दे रहे हैं:

डॉ. बिनायक सेन का मामला एक टाईमलाईन

(Extracted from *The Times of India,* Dated April 15, 2011)

1. 14 मई, 2007 बिनायक सेन बिलासपुर में गिरफ़्तार। पीयूष गुहा (एक कारोबारी) तथा नारायण सान्याल (एक माओवादी) के मध्य संदेशों के आदान-प्रदान का दोष लगा।
2. 15 मई, 2007 सेन को न्यायिक हिरासत में लिया गया।
3. 25 मई, 2007 छत्तीसगढ़ सरकार का दावा कि सेन राज्य की सुरक्षा के लिए ख़तरा हैं। ज़मानत पर रिहा करने से न्यायालय का इंकार।
4. मई-जून, 2007 पूरे भारत में मानवाधिकार सक्रियतावादियों ने रैलियां आयोजित करके सेन को समर्थन दिया।
5. अगस्त, 2007 पुलिस द्वारा "छत्तीसगढ़ स्पेशल पब्लिक सिक्यूरिटी एक्ट" तथा "अनलॉफुल एक्टीविटीज़ (प्रिवेनशन) एक्ट" के अंतर्गत कोर्ट में

चार्जशीट दाख़िल। ये आरोपपत्र अतिरिक्त चीफ़ जुडीशियल मजिस्ट्रेट श्री सत्यभामा दूबे के कोर्ट में दायर किए गए थे।

6. 10 दिसंबर, 2007 दो सदस्यों वाली सर्वोच्च न्यायालय की एक बेंच ने सेन की ज़मानत याचिका रद्द की।
7. 31 दिसंबर, 2007 सेन को आर-आर. कीथन स्वर्णपदक (R.R. Keithan Gold Medal) दिया गया। यह पदक "इंडियन एकडमी ऑफ़ सोशल साईंसिज़" के द्वारा डॉ. सेन को छत्तीसगढ़ के ग़रीब, पर दलित तथा दमन के शिकार लोगों की जीवन गुणवत्ता सुधारने के लिए उनके द्वारा प्रकृति-मानव-समाज के विज्ञान को दिए गए उत्कृष्ट योगदान के कारण दिया गया।
8. 15 मार्च, 2008 सेन को एकांत कारावास में रखा गया। जेल अधिकारियों ने दावा किया कि डॉ. सेन की सुरक्षा हेतु ऐसा किया गया था।
9. 21 अप्रैल, 2008 सेन को जोनाथन मान पुरस्कार (Jonathan Mann Award) दिया गया। यह सम्मान उन्हें "ग्लोबल हेल्थ काउंसिल" के द्वारा वैश्विक स्वास्थ्य तथा मानवाधिकारों के लिए दिया गया।
10. 30 मई, 2008 रायपुर में ट्रायल आरंभ।
11. 11 अगस्त, 2008 छत्तीसगढ़ उच्च न्यायालय (बिलासपुर) में दूसरी ज़मानत याचिका दाख़िल।
12. 14 अगस्त: ज़मानत याचिका पर प्रथम सुनवाई। सुनवाई स्थगित हुई।
13. 2 दिसंबर: ज़मानत याचिका न्यायालय के द्वारा ख़ारिज।
14. 3 दिसंबर: एक सप्लीमेंटरी (supplementary) आरोपपत्र दाख़िल किया गया, जिसमें 47 अतिरिक्त गवाहों के बयान थे।
15. 4 मई: सर्वोच्च न्यायालय ने छत्तीसगढ़ सरकार को एक नोटिस जारी किया जिसमें डॉ. सेन की नज़रबंदी पर सवाल उठाया गया तथा दो हफ़्तों के अंदर जवाब मांगा। न्यायालय ने डॉ. सेन के दिल के उपचार के लिए अच्छी मेडिकल सहायता देने का भी आदेश दिया।
16. 25 मई: डॉ. सेन ज़मानत पर रिहा। जस्टिस मार्कंडेय काटजू तथा जस्टिस दीपक वर्मा, जो सर्वोच्च न्यायालय के अवकाश बेंच पर आसीन थे, ने यह निर्णय लिया।
17. 23-26 नवंबर: रायपुर सेशस कोर्ट में ट्रायल प्रारंभ।
18. अगस्त-सितंबर: सर्वोच्च न्यायालय ने छत्तीसगढ़ सरकार को सेन के

विरुद्ध सारे एविडेंस प्रस्तुत करने का आदेश दिया तथा यह कार्य सितंबर, 2010 तक पूरा करने के लिए कहा।

19. 28 सितंबर: अभियोग पक्ष ने एविडेंस प्रस्तुत करने के काम पूरा किया।
20. 25–26 नवंबर: बचाव पक्ष ने 12 गवाहों को समर्थक दस्तावेज़ों सहित पेश किया।
21. 24 दिसंबर: रायपुर सेशंस कोर्ट ने डॉ. सेन, सान्याल तथा गुहा को देशद्रोह व साज़िश के आरोपों में दोषी पाया। तीनों अभियुक्तों को आजीवन कारावास की सज़ा सुनाई।
22. 24 जनवरी: छत्तीसगढ़ उच्च न्यायालय में सेन की ज़मानत याचिका की सुनवाई आरंभ। राम जेठमलानी ने सेन का साथ देते हुए बहस की। जेठमलानी ने कहा कि ''ट्रायल कोर्ट का निर्णय एक एविडेंस के बिना केस है।''
23. 25 जनवरी: एक अन्य वकील, सुरेंद्र सिंह, ने सेन के पक्ष में दलील दी कि दस्तावेज़ छत्तीसगढ़ पुलिस के द्वारा लगाए गए थे ताकि सेन के माओवादियों के साथ संबंध साबित किए जा सकें।
24. 9 फ़रवरी: उच्च न्यायालय ने किशोर भादुरी की बहस के बाद अपना फ़ैसला सुरक्षित रखा। भादुरी ने कहा था: "ज़ब्त किए गए दस्तावेज़ सेन को ट्रायल की सज़ा माफ़ न करवाने के लिए नाकाफ़ी थे।"
25. 10 फरवरी, 2011 जस्टिस टी.पी. शर्मा तथा जस्टिस आर.एल. झांवर की बेंच ने सेन की ज़मानत याचिका ख़ारिज की।
26. 11 अप्रैल मि. जस्टिस एन. एस. बेदी तथा मि. जस्टिस सी. के. प्रसाद की सर्वोच्च न्यायालय की डिवीज़न बेंच ने सुनवाई को स्थगित कर दिया जब छत्तीसगढ़ सरकार ने अपने के मामले को मज़बूत करने के लिए और समय मांगा।
27. 15 अप्रैल: माननीय सर्वोच्च न्यायालय ने बिनायक सेन को ज़मानत पर रिहा किया।

किसी भी व्यक्ति को डॉ. सेन को दी जा रही यातनाओं के बारे में जानकर हैरानी होगी। खुशकिस्मती से, उनको नेकनीयत लोगों का समर्थन प्राप्त है; ऐसे लोग भारत तथा विदेशों में भी उनका साथ दे रहे हैं। इससे उनका संघर्ष थोड़ा आसान हो गया है। उनके पास देश के सर्वश्रेष्ठ वकीलों का कानूनी समर्थन भी है। पी.यू.सी.एल. ने भी उन्हें मॉरल सपोर्ट (moral support) दी है, जिसके कारण वह इस भयंकर समय

से आसानी से गुज़र पाए। वे अब इस पुरातनकालीन व बर्बर देशद्रोह के कानून को ख़त्म करवाने के प्रयास कर रहे हैं; यही कानून डॉ. सेन पर लगाकर उन्हें देशद्रोही करार दिया गया था और इसी के अंतर्गत उन पर मुकद्मा चल रहा है।

उनके इस जारी ट्रायल के बारे में एक रिपोर्ट कहती है; ''इस बंदी डॉक्टर के हमदर्द तथा मित्र कहते हैं कि यह ट्रायल वस्तुत: छत्तीसगढ़ की भा.ज.पा. सरकार के द्वारा दी गई सज़ा है। शासन को यह पता है कि अंत में, ये इल्ज़ाम टिक नहीं पाएंगे, परंतु ये इल्ज़ाम डॉक्टर को कार्यवाहियों के कुचक्र में घसीट लेंगे ताकि सबको एक उदाहरण मिल जाए और उन अन्य लोगों के मन में डर घर कर जाए जो सरकारी तरीकों व प्रयोजनों की नुक्ताचीनी करते हैं।'' (Saba Naqvi and Devarshi Dasgupta), "A Fable for the Cola Wallas," *Outlook,*" January 27, 2011 pp.17)

परंतु राज्य सरकार डॉ. सेन की इच्छाशक्ति को दबा नहीं सकी है; वह तो और भी पॉवरफ़ुल होकर उभरे हैं। उनके परिवार व दोस्तों के संबल के कारण, वह बहादुरी से अपने ऊपर की गई शारीरिक व मानसिक यातनाओं को सहन करने में सक्षम रहे हैं। उन्हें उम्मीद है कि आख़िरकार, उन्हें न्याय मिल ही जाएगा। मि. जस्टिस सच्चर के अनुसार, ''बहुत सारे बिनायक सेन पैदा हो जाएंगे, यदि हम अपने लोकतंत्र में एक अच्छा कंट्रोल और बैलेंस सिस्टम नहीं बनायेंगे तथा यदि हम ये सब जल्दी नहीं करेंगे। बिनायक सेन ऐसे अन्य मामलों के लिए लड़ने हेतु एक चिन्ह बन चुके हैं। ग़रीब लोगों को झूठे (अदालती) मामलों में फंसाया जा रहा है। ये वह मुद्दे हैं, जिनको विपक्ष के द्वारा संसद में उठाया जाना चाहिए।" *(Frontline,* January 28, 2011, pp.13) इस मामले ने सचमुच पूरी दुनिया में लोगों की आत्मा को हिलाकर रख दिया है।

आधारहीन कोर्ट केस

ज़ाहिर है कि डॉ. बिनायक सेन ने कोई भी अपराध नहीं किया है तथा उनको दी गई सज़ा के पीछे कोई तर्क ही नहीं है। महात्मा गांधी पर भी यही देशद्रोह का कानून थोपा गया था तथा उनपर चलाए गए मुकदमे का कईयों ने विरोध किया था, जिनमें गवर्नर के काउंसलर भी शामिल थे। पहले के कई ऐसे केस उपलब्ध हैं, जिनमें सर्वोच्च न्यायालय ने इस कानून के अंतर्गत आरोपी बनाए गए लोगों को बाइज़्ज़त बरी कर दिया था। उनमें से एक मामला था केदारनाथ बनाम बिहार राज्य (1962)। एक अन्य मामला था– बलवंत सिंह बनाम पंजाब राज्य (1995)। डॉ. बिनायक सेन ने इस तरह से कार्य नहीं किया है, जिससे इस सख़्त देशद्रोह के कानून को उन पर लागू किया

जा सके तथा इस कानून के द्वारा दिया जा सकने वाला सर्वाधिक दंड (उम्रकैद) उन पर थोपा जा सके। यह इस मामले के सभी तथ्यों के संदर्भ में इसको तर्कपूर्ण दृष्टि से देखने का समय है, ना कि राज्य सरकार के द्वारा बनाई गई कहानियों के आधार पर इसका अवलोकन करने की घड़ी। सामान्य स्तर पर लोग तथा ख़ास स्तर पर कानूनी सलाहकार अभी भी यह आशा कर रहे हैं कि बिलासपुर उच्च न्यायालय इस मामले में न्याय करेगा तथा डॉ. सेन को सर्वोच्च न्यायालय का दरवाज़ा नहीं खटखटाना पड़ेगा। उन्होंने कोई 'अपराध' नहीं किया है तथा उनको इसका कोई भी 'दंड' नहीं मिलना चाहिए। इसके विपरीत, उनके द्वारा किए गए अच्छे कार्य के लिए उनकी सराहना की जानी चाहिए; इस कार्य के लिए उन्हें अंतर्राष्ट्रीय स्तर पर भी कई पुरस्कारों से नवाज़ा जा चुका है। राज्य सरकार को उन्हें लोगों का दुश्मन नहीं मानना चाहिए, परंतु उन्हें लोगों का मित्र समझना चाहिए।

भविष्य की ओर: संभल जाए शासन

उनके द्वारा आदिवासियों के लिए किए गए महत्वपूर्ण कार्य को मद्देनज़र रखते हुए, डॉ. बिनायक सेन को योजना आयोग की स्वास्थ्य पर बनाई गई कमेटी में न्यूट्रीशन एक्सपर्ट के तौर पर नियुक्त किया गया है। ये आदिवासी कुपोषण तथा शिशु मृत्यु के मामलों में सबसे अधिक प्रभावित हैं। परंतु छत्तीसगढ़ के मुख्यमंत्री के मुख्य सचिव, श्री एन. बरजेंद्र कुमार, कहते हैं: "मुख्यमंत्री जी ने सेन के नामांकन का अनुमोदन नहीं किया है, क्योंकि वह आरोपी हैं तथा ज़मानत पर रिहा किए गए हैं। न्यायालय में उनके विरूद्ध मुकदमा जारी है।" (*Hindustan Times,* May 12, 2011)

यदि केंद्रीय सरकार ने डॉ. सेन के कार्य को मान्यता देनी आरंभ कर दी है तो राज्य सरकार को अपनी कठोर स्टैंड छोड़कर अपना सम्मान बचा लेना चाहिए। मुख्यमंत्री जी के लिए वह पल काफ़ी तकलीफ़ भरा होगा जब कोर्ट डॉक्टर को दोषमुक्त कर देगा। डॉ. सेन ने उस समिति का सदस्य बनना स्वीकार कर लिया है, जैसा कि उन्होंने (छत्तीसगढ़) राज्य में भी किया था। कुछ भी हो, वह लोगों के सच्चे मित्र हैं!

सज़ा दे अगर किया है
गुनाह, पर...

अध्याय 9

बिनायक सेन मुक्ति अभियान

आरंभः दुनिया के एलीट वर्ग का समर्थन

डॉ. बिनायक सेन को 14 मई, 2007 को गिरफ्तार किया गया था तथा उन्हें ज़मानत पर रिहा करने से न्यायालय ने इसलिए इंकार कर दिया था, क्योंकि वह एक 'ख़तरनाक' अपराधी थे। यदि वह चाहते तो गिरफ्तारी से बच सकते थे परंतु उन्होंने ऐसा नहीं किया। उनको उनके मित्रों व शुभचिंतकों के द्वारा आगाह कर दिया गया था कि उनकी गिरफ्तारी हो सकती है तथा वह अपनी माता से मिलने के बाद रायपुर ना आएं। परंतु डॉ. सेन के मन में कोई भी अपराध की भावना नहीं थी तथा उन्हें भलीभांति पता था कि उन्होंने किसी भी प्रकार से कोई भी ग़लत कार्य नहीं किया था। उन्होंने केवल अपना प्रोफेशनल काम एक डॉक्टर के तौर पर किया था तथा पी.यू.सी.एल. के एक सदस्य होने के नाते सामाजिक कार्य किया था। वापस आने के बाद, वह सुश्री सुधा भारद्वाज से मिलने गए जो एक मानवाधिकार एक्टिविस्ट हैं तथा पी.यू.सी.एल. की सदस्य भी हैं। वह सुश्री सुधा भारद्वाज से बिलासपुर में मिले, जहां उन्हें गिरफ्तार कर लिया गया तथा बाद में, उन्हें रायपुर जेल में भेज दिया गया। इलीना सेन, सुधा भारद्वाज तथा अन्य पी. यू.सी.एल. के लोगों के प्रयासों के बाद भी, डॉ. सेन को रिहा नहीं करवाया जा सका। ऐसा इसलिए था, क्योंकि उन पर लगाए गए आरोप काफ़ी गंभीर थे। वह राज्य की सुरक्षा के लिए एक ख़तरा बन गए थे तथा उनके खिलाफ़ सबूत काफ़ी मज़बूत थे। यह उनका अच्छा भाग्य रहा कि उनके समर्थक काफ़ी सचेत थे। उन्होंने डॉ. सेन की गिरफ्तारी की सूचना तुरंत संसार भर में फैला दी तथा उनकी जल्दी रिहाई के लिए सभी संभव कदम उठाए। वे शायद ही यह महसूस ना कर पाए कि वे एक काफ़ी सख़्त राज्य सरकार के विरुद्ध संघर्ष कर रहे थे, जिसकी न्यायालयों पर पकड़ बहुत ही मज़बूत थी। इसके अलावा, उसकी डॉ. सेन को नज़रबंद रखने की मंशा काफ़ी स्पष्ट थी। अतः भारत तथा विदेशों में डॉ. सेन को छुड़ाने के लिए किया गया शोरोगुल बहरी राज्य सरकार के कानों तक नहीं

पहुंचा तथा उन्हें दो वर्षों में भी अधिक समय के लिए जेल में दुःख भरे दिन काटने पड़े।

फिर भी, क्षेत्रीय, राष्ट्रीय व अंतर्राष्ट्रीय स्तरों पर चलाई गई "फ़्री बिनायक सेन कैंपेन" (Free Binayak Sen Campaign) डॉ. सेन व उनके परिवार के साथ अपनापन (solidarity) दर्शाने की अनूठी कोशिश थी। इससे एक तरह की जागृति आरंभ हुई तथा देश के सभी क्षेत्रों से लोगों ने इस मुहिम में भाग लिया। ऐसा उन लोगों ने उस व्यक्ति को न्याय दिलवाने के लिए किया, जो वस्तुतः लोगों का मित्र था तथा किसी भी प्रकार से उनका दुश्मन नहीं था। लोगों को अचरज होने लगा कि क्या ग़रीबों की सेवा करना एक अपराध था तथा क्या उन (ग़रीबों) के नागरिक अधिकारों व मानवाधिकारों की रक्षा करना संविधान के खिलाफ़ था? इस अभियान का नेतृत्व तरक्कीपसंद व समझदार व्यक्तियों ने किया। इसका आयोजन युवाओं द्वारा किया गया, जिन्होंने बहरों को सुनाने, अंधों को दिखाने तथा गूंगों को बोलने के उकसाने के लिए अपने विरोध का प्रदर्शन कई तरीकों के द्वारा किया। यह एक अच्छे प्रकार से आयोजित तथा लगातार चलाया गया अभियान था, जिसका अच्छा असर भी हुआ। आख़िरकार, डॉ. बिनायक सेन को सुप्रीम कोर्ट के द्वारा 15 अप्रैल, 2011 को ज़मानत पर रिहा कर दिया गया। यह एक अत्याधिक नये तरीके से चलाया गया (innovative) अभियान था तथा अभी भी, यह किसी ना किसी रूप में जारी है। इसका कारण यह है कि डॉ. बिनायक सेन के विरुद्ध अदालत में मुकदमे अभी भी चल रहे हैं।

परिवार के सदस्यों के अलावा, जिन लोगों ने आरंभ में इस अभियान को चलाया, वे थे- गन्यारी के डॉक्टर, सी एम सी (वेल्लोर) के चिकित्सक तथा पी. यू.सी.एल. के कार्यकर्ता। काफ़ी हद तक अंतर्राष्ट्रीय समर्थन सी.एम.सी. के प्रयासों की वजह से मिल पाया था। ऐसा इसलिए संभव हो सका था, क्योंकि वे (सी.एम. सी. के लोग) इस बात पर स्तब्ध थे कि उनके सर्वश्रेष्ठ छात्रों में से एक के साथ इतना बुरा बर्ताव किया जा रहा था। डॉ. सेन महान मानवतावादी कार्य कर रहे थे।

मानवाधिकार संस्थाओं का समर्थन

एमनेस्टी इंटरनेशनल 16 मई, 2007 को छत्तीसगढ़ सरकार को संदेश देने वाली प्रथम अंतर्राष्ट्रीय संस्था थी। उसने डॉ. बिनायक सेन को रिहा करने की प्रार्थना की तथा उनके साथ इज़्ज़त से पेश आने को भी कहा। डॉ. बिनायक सेन की गिरफ़्तारी के विरुद्ध प्रथम रैली पी.यू.सी.एल. के कार्यकर्ताओं द्वारा 24 मई, 2007 को रायपुर में

आयोजित की गई। "एमनेस्टी इंटरनेशनल" ने छत्तीसगढ़ सरकार को उसी तारीख़ को फिर अपील की तथा कहा वह डॉ. बिनायक सेन को परेशान करना बंद करे। डॉक्टरों तथा मानवाधिकार कार्यकर्ताओं का एक डेलीगेशन छत्तीसगढ़ सरकार के मुख्य सचिव से मिला तथा उससे डॉ. बिनायक सेन को रिहा करवाने की मांग की परंतु उनकी अपील को केवल औपचारिक रूप से सुना गया (तथा कोई भी कार्यवादी नहीं की गई।) इलीना सेन ने 7 जून, 2007 को राष्ट्रीय मानवाधिकार आयोग (NHRC) को पत्र लिखा, जिसमें उन्होंने "छत्तीसगढ़ राज्य की अपने विरोधियों को पहचानने की गंदी नीयत तथा उनके खिलाफ़ झूठे केस बनाने की इच्छा" के विरुद्ध विरोध प्रकट किया। यह भी एक बेकार कोशिश ही साबित हुई।

नाओम चोम्स्की, जो अंतर्राष्ट्रीय स्तर पर जाने-पहचाने विद्वान हैं तथा मानवाधिकार विचारक भी हैं, ने अन्य मशहूर हस्तियों का साथ दिया। इन सब लोगों ने मिलकर 16 जून 2007 को एक बयान जारी किया, जो इस प्रकार है:

"डॉ. सेन की गिरफ्तारी साफ़ तौर पर पी.यू.सी.एल. तथा अन्य लोकतांत्रिक आवाज़ों को दबाने का प्रयास है, जो राज्य में हो रहे मानवाधिकार हनन के मामलों पर बोलते आ रहे हैं।"

ब्रिटिश हाऊस ऑफ़ कामंस की अपील

सात जून, 2007 को ब्रिटिश हाऊस ऑफ़ कॉमंस (British House of Commons) में बिनायक सेन की गिरफ्तारी पर एक प्रस्ताव पेश किया गया। इसको संसद के कई सदस्यों ने समर्थन दिया जो सभी दलों से संबद्ध थे। "ब्रिटिश मेडिकल जर्नल" (British Medical Journal) ने डॉ. सेन कि गिरफ्तारी के संबंध में एक लेख छापा; यह लेख 9 जून, 2007 को छपा था। इसमें कहा गया: "डॉ. सेन शांति के समर्थक हैं तथा निष्पक्ष व्यवहार में विश्वास रखते हैं तथा वह अंतर्राष्ट्रीय स्तर पर सम्मानित डॉक्टर हैं, जिन्होंने अपना जीवन ग़रीब लोगों की सेवा हेतु समर्पित कर दिया है। उन्हें तुरंत रिहा कर दिया जाना चाहिए।"

मेडिकल बिरादरी का संघर्ष

"मेडिको फ्रैंडज़ सर्कल" (Medico Friends Circle or MFC) ने रायपुर तथा बिलासपुर में प्रेस कांफ्रेंस आयोजित की; यह कांफ्रेंस मई व जून 2007 के दौरान आयोजित हुई। एम.एफ.सी. (MFC) ने एक पेंफ्लेट प्रकाशित किया, जिसका शीर्षक था *Release Dr. Binayak Sen.* बाद में, उन्होंने एक पुस्तक प्रकाशित

की जिसका शीर्षक था: *Indian Doctor in Jail: Doctors in Defence of Binayak Sen.* राज्य सरकार डॉ. सेन का एक माओवादी कूरियर के रूप में चित्रण कर रही थी। उसने उनके द्वारा किए गए अच्छे कार्य को कभी भी स्वीकार नहीं किया। उन लोगों (सरकार के विभिन्न अंगों) को यह बात स्वीकार करने में भी शर्म आई कि उन्होंने स्वयं ही राज्य के स्वास्थ्य रक्षा कार्यक्रमों में डॉ. सेन का सहयोग (बतौर सलाहकार) मांगा था। माओवादियों को ग़ैरकानूनी कार्य करने वाले आतंकवादियों के तौर पर चित्रित किया गया था तथा डॉ. सेन को उनके हमदर्द व मददगार के तौर पर दिखाया था। यहां तक कि वे (सरकारी मशीनरी के लोग) एन. एच.आर.सी. (NHRC) से सल्वा जुडुम के पक्ष में एक अच्छा प्रमाण पत्र (clean chit) लेने में भी सफल हो गए थे। उसी बयान की डॉ. सेन ने नुक्ताचीनी की थी, क्योंकि सल्वा जुडुम के द्वारा ग़रीब आदिवासियों पर किए जा रहे अत्याचार कोई नई कहानी नहीं थी। भारत में छत्तीसगढ़ की स्थिति के बारे में आम विचार यह था कि माओवादी निर्दोष आदिवासियों की अनियंत्रित तरीकों से हत्याएं कर रहे थे तथा सल्वा जुडुम तो एक जन शांति आंदोलन था, जिसकी सहायता शासन इसलिए कर रहा था ताकि वह एक रोकने वाली ताकत की तरह काम करते हुए माओवादियों के इस तफ़ान को रोके।

मीडिया जागा बड़ी देर से

कोई आश्चर्य नहीं कि राष्ट्रीय मीडिया की काफ़ी देर के बाद प्रतिक्रिया मिली तथा डॉ. सेन लगभग एक वर्ष तक जेल में यातनाएं भोगते रहे। इसके बाद ''फ़्री बिनायक सेन कैंपेन'' (Free Binayak Sen Compaign) ने जोर पकड़ा। तहलका *(Tehelka)* ही एक ऐसी समाचार पत्रिका थी, जिसने डॉ. बिनायक सेन की इस अग्निपरीक्षा की जानकारी देना जारी रखा। उनकी ज़मानत की अर्ज़ियाँ एक-एक कर के ख़ारिज होती रहीं, क्योंकि छत्तीसगढ़ सरकार ने उनको राज्य के लिए एक गंभीर ख़तरे के रूप में प्रोजेक्ट किया था। इसीलिए, सरकार ने उनको नज़रबंद रखा तथा उनके ट्रायल को किसी ना किसी बहाने से टालती रही।

नहीं रेंगी कान पर जूँ

इन गणमान्य व्यक्तियों तथा लोकतांत्रिक संस्थाओं की अपीलों के बावजूद, छत्तीसगढ़ सरकार टस से मस नहीं हुई। केंद्रीय सरकार ने इस मामले में शायद ही

कुछ किया हो। यहां तक कि स्थानीय मीडिया ने भी इस मामले में रुचि नहीं दिखाई, क्योंकि शायद वह राज्य सरकार को नाराज़ नहीं करना चाहता था, सरकार का समर्थन मीडिया को दरकार था, क्योंकि उसने छत्तीसगढ़ में अपनी पहचान बनाए रखनी थी। राष्ट्रीय स्तर का मीडिया ज़रा देर से जागा तथा उसने डॉ. सेन के साथ किए जा रहे अन्याय का आख़िरकार जायज़ा लिया। छत्तीसगढ़ की चिकित्सा बिरादरी तथा वेल्लोर की चिकित्सा बिरादरी के कारण इस मामले को पूरी दुनिया का ध्यान (international attention) मिल पाया। इसके अलावा पी.यू.सी.एल. के सदस्यों की राज्य तथा राष्ट्रीय स्तरों पर की जा रही लगातार कोशिशों से भी इस मामले को सरेआम करने में लगातार मदद मिली।

ज़मानत के लिए संघर्ष

डॉ. बिनायक सेन पर पहले चार्जशीट के दाखिल होने के बाद, यह मामला सेशंस कोर्ट (रायपुर) को दे दिया गया। यह रायपुर के अतिरिक्त सेशन जज (फास्ट ट्रैक कोर्ट) को 5 सितंबर, 2007 को दिया गया। सही मायनों में, ट्रायल अप्रैल 2008 में शुरू हुआ; तब तक डॉ. सेन को गिरफ्तार हुए एक वर्ष बीत चुका था। इस फ़ास्ट ट्रैक कोर्ट ने मामले में निर्णय लेने के लिए एक वर्ष से अधिक का समय लगाया। इसी दौरान, सर्वोच्च न्यायालय की एक अवकाश बेंच ने डॉ. सेन को 25 मई, 2009 को ज़मानत पर रिहा कर दिया। ऐसा उसने उनकी नज़रबंदी के दो वर्षों से भी अधिक समय के बाद किया। परंतु इससे उनको कुछ राहत अवश्य मिली तथा ज़रूरी समय भी, ताकि वे अपनी पत्नी, इलीना सेन, का सी. एम.सी. (वेल्लोर) में इलाज करवा सकें। इलीना सेन कैंसर से पीड़ित हैं। यह छूट थोड़े समय के लिए थी तथा फ़ास्ट ट्रैक ट्रायल कोर्ट ने अपना निर्णय आख़िरकार 24 दिसंबर, 2010 को सुना ही दिया। ऐसा इसने कार्यवाही शुरू होने के दो वर्षों के बाद किया। अदालत ने डॉ. सेन को देशद्रोह का दोषी करार देते हुए, नारायण सान्याल तथा पीयूष गुहा को भी देशद्रोही माना। अतः डॉ. सेन को पुनः जेल जाना पड़ा। बाद में, 15 अप्रैल, 2011 को उन्हें सर्वोच्च न्यायालय से ज़मानत मिल गई। सुप्रीम कोर्ट के अनुसार, नक्सलवादियों के साथ हमदर्दी रखना इस बात का सबूत नहीं है, वह व्यक्ति देशद्रोही है। जस्टिस एच.एस. बेदी तथा जस्टिस सी.के. प्रसाद पर आधारित एक बेंच ने टिप्पणी की: ''हम ट्रायल कोर्ट के निर्णय के प्रभावों (implications) के बारे में चिंतित हैं। दस्तावेज़ों में मौजूद सबूतों से यह पता चलता है कि देशद्रोह का कोई भी मामला नहीं बनाया गया

है। यदि सबसे बदतर स्थिति को भी मान लिया जाए, वह केवल एक हमदर्द हैं।'' (*The Times of India*, April 16,2011)

डॉ. बिनायक सेन ने बिलासपुर उच्च न्यायालय में एक अपील दायर की है जो ट्रायल कोर्ट के निर्णय को चुनौती देती है, परंतु फ़िलहाल, वह ज़मानत पर रिहा हैं। उनके ट्रायल के उतार-चढ़ावों ने ''फ़्री बिनायक सेन कैंपेन'' की आग में घी का काम किया। यह अभियान भारत में तथा विदेशों में भी बिना रुके चल रहा है। अब कई मुद्दे जैसे कि देशद्रोह के कानून, माओवाद की समस्या, भूमि अधिग्रहण, नागरिक अधिकारों की सुरक्षा तथा ऐसे अन्य कई सवाल सेमिनारों में खुलेआम चर्चा के विषय बने हुए हैं।

जी.एच.सी. ने पहचाना एक मसीहा

वर्ष 2008 के दौरान, इस अभियान को एक बड़ी शक्ति प्राप्त हुई जब "ग्लोबल हेल्थ काउंसिल" (Global Health Council) ने डॉ. बिनायक सेन को जोनाथन मान सम्मान (Jonathan Mann Award for Health and Human Rights) के लिए चुना। यह सम्मान उन्हें ग्लोबल हेल्थ काउंसिल के वार्षिक सम्मेलन में दिया जाना था जो वाशिगंटन (डी.सी.) में आयोजित होना था। इस सम्मान को उन्हें 29 मई, 2009 को दिया जाना था। डॉ. सेन इस सम्मान को कैसे प्राप्त कर सकते थे? वह तो रायपुर जेल में थे तथा उन पर देशद्रोह के अभियोग का मुकद्मा चल रहा था। उनकी ज़मानत पर रिहा होने के लिए दायर याचिकाएं एक-एक करके व ख़ारिज की जा रही थी। राज्य सरकार उनको किसी भी स्थिति में जेल की सलाख़ों के पीछे रखने पर तुली हुई थी। परंतु डॉ. बिनायक सेन के काफ़ी बड़ी संख्या में मित्र, शुभचिंतक तथा प्रशंसक थे, जो भारत में ही नहीं वरन् विदेशों में भी फैले हुए थे।

सी.एम.सी. (वेल्लोर) का अध्यापक स्टाफ उनके महान कार्य पर बहुत गर्वित था तथा उनकी प्रशंसा करता था। सी.एम.सी. में ही आपको वर्ष 2004 का "पॉल हैरिसन सम्मान" दिया गया था; यह सम्मान उनके समाज को शानदार योगदान के लिए दिया गया था। उस सम्मान पत्र में लिखे शब्द उनके योगदान का संक्षिप्त रूप से विवरण देते हैं। वे शब्द इस प्रकार हैं:

''डा. बिनायक सेन अपने शिक्षण संस्थान (*alma mater*) की भावना व दूरदर्शिता के प्रति सत्यनिष्ठ रहे हैं... उन्होंने आम धारणा को तोड़ दिया है तथा डॉक्टर के संभावित रोल को एक टूटे हुए तथा अन्यायपूर्ण समाज में पुनः परिभाषित

किया है, जिससे आपने अपनी सुरक्षा से कहीं अधिक मूल्यवान लक्ष्य की पूर्ति हेतु संघर्ष किया है। सी.एम.सी. बिनायक तथा इलीना सेन के साथ संबद्ध होने पर गर्वित है। वह (बिनायक सेन) सी.एम.सी. के छात्रों तथा स्टाफ़ के लिए एक आदर्श (role model) हैं...'' (A Doctor to Defend, pp. 87)

कोई अचरज नहीं कि मेडिकल बिरादरी या पी.यू.सी. एल के नेता इस मामले के तथ्यों को मानवाधिकार तथा गणमान्य व्यक्तियों और संस्थाओं की जानकारी में ले आए। ये व्यक्ति तथा संस्थाएं भारत में तथा विदेशों में भी फैले हैं।

एक ख़त ख़ास लोगों का

बाईस नोबेल पुरस्कार विजेताओं ने एक पत्र के रूप में भावनाओं से ओतप्रोत अपील की। यह पत्र ''फ़्री बिनायक सेन कैंपेन'' का एक अहम चरण है:

बाईस नोबेल पुरस्कार विजेताओं की ओर से पत्र

9 मई, 2008

महामहिम श्रीमती प्रतिभा पाटिल, *राष्ट्रपति;*
महामहिम डॉ. मनमोहन सिंह, *प्रधानमंत्री;*
महामहिम श्री हंसराज भारद्वाज, *विधि व न्याय मंत्री;*
महामहिम श्री ई.एस.एल. नरसिम्हन, *राज्यपाल, छत्तीसगढ;*
आदरणीय डा. रमन सिंह, *मुख्यमंत्री, छत्तीसगढ़;*
आदरणीय श्री रामविचार नेताम, *गृहमंत्री, छत्तीसगढ़;*
आदरणीय श्री शिवराज सिंह, *मुख्य सचिव, छत्तीसगढ़;*

हम, नोबेल पुरस्कार विजेता, जिनके हस्ताक्षर निम्नलिखित हैं, भारत के एक नागरिक को पहली बार मिलने वाले एक गौरवशाली (prestigious) अंतर्राष्ट्रीय सम्मान के उपलक्ष्य में आपको बधाई देते हैं। जैसा कि आपको पता ही है कि ग्लोबल हेल्थ काउंसिल (Global Health Council or GHC), जो विश्व भर में सार्वजनिक स्वास्थ्य संस्थाओं तथा व्यवसायी लोगों की सबसे बड़ी सदस्यता संस्था है, ने रायपुर (छत्तीसगढ़) के डा. बिनायक सेन को वर्ष 2008 के जोनाथन मान सम्मान (Jonathan Mann Award for Global Health and Human Rights-2008) के लिए चुना है। हम यह विनती करने के लिए यह पत्र लिख रहे हैं कि डॉ. सेन को कृपया स्वयं आकर यह सम्मान प्राप्त करने के

काबिल बनाया जाए। यह सम्मान उन्हें जी.एच.सी. (GHC) के वार्षिक अधिवेशन के दौरान 29 मई, 2008 को वाशिंगटन (डी.सी.) में प्रदान किया जाएगा। हम इस बात पर अपनी गहन चिंता भी प्रकट करना चाहते हैं कि डॉ. सेन को केवल शांतिपूर्वक मूलभूत मानवाधिकारों का प्रयोग करने के कारण बंदी बनाया गया है। यह "इंटरनेशनल कॉवीनेंट ऑन सिविल एंड पोलीटिकल राईट्स (International Covenant on Civil and Political Rights) के अनुच्छेद 19 (स्वयं का मत देने तथा स्वयं की अभिव्यक्ति करने की स्वतंत्रता) का उल्लंघन है। भारत भी इस कॉवीनेंट (Covenant) का एक समर्थक राष्ट्र है। उनपर दो आंतरिक सुरक्षा कानूनों के उल्लंघन का आरोप है। यह अंतर्राष्ट्रीय आरोप मानवाधिकार मानदंडों के अनुकूल नहीं हैं। हमें यह जानकर अत्याधिक हर्ष हुआ है कि काफ़ी देरी के बाद, डॉ. सेन का ट्रायल आख़िरकार आरंभ हो ही गया है। जबकि हमारे साथी पर न्यायिक प्रक्रिया आगे चल रही है, हम यह प्रार्थना करते हैं कि डॉ. सेन को मानवीय आधार पर जेल से मुक्त कर दिया जाए ताकि वह इस सम्मान को प्राप्त करने आ सकें तथा साथ ही, अपना महत्वपूर्ण चिकित्सा कार्य भी कर सकें।

भवदीय,

पीटर आग्रे, *रसायनशास्त्र, (2003);*
कैनेथ जे. ऐको, *अर्थशास्त्र: 1972*
सी क्लॉड कोहेन-तनौजी, *भौतिकी, 1997*
राबर्ट कर्ल, *रसायनशास्त्र, 1996*
जोहान डिज़ाईननहॉकर, *रसायन शास्त्र, 1988*
पॉल ग्रीनगार्ड, *चिकित्सा, 2000*
रोजर गुलेमिन, *चिकित्सा, 1977*
फ्रांववा जेकब, *चिकित्सा, 1965*
एरिक कैंडल, *चिकित्सा, 2000*
सर हैरल्ड क्रोटो, *रसायनशास्त्र, 1996*
फ़िन काईडलैंड, *अर्थशास्त्र, 2004*
युआन टी.ली, *रसायनशास्त्र, 1986*
क्रेग सी मैलो, *चिकित्सा, 2006*
जॉन पोलानयी, *रसायनशास्त्र, 1986*
रिचर्ड जे. राबर्ट्स, *चिकित्सा, 1993*

एफ. शेरवुड रॉलैंड, *रसायनशास्त्र 1995*
जेंस सी स्कू, *रसायनशास्त्र, 1997*
फ़िलिप ए शार्प, *चिकित्सा, 1993*
चार्ल्स टाऊंस, *भौतिकी, 1964*
हैरोल्ड, वारमुरा, *चिकित्सा, 1989*
सर जॉन ई. वॉकर, *रसायनशास्त्र, 1997*
टार्सटन वीज़ल, *चिकित्सा, 1981।*

यह विश्व के इतने प्रसिद्ध व्यक्तियों की डॉ. बिनायक सेन के साथ एकजुटता की अभूतपूर्व (rare) अभिव्यक्ति है। तभी से कई अन्य नोबेल पुरस्कार विजेताओं तथा महत्वपूर्ण व्यक्तियों ने डा. बिनायक सेन को न्याय व स्वतंत्रता दिलवाने के अभियान से स्वयं को जोड़ लिया है। उन्होंने विशेषतया "यूनीवर्सल डेवलेरेशन ऑफ़ हयूमन राईट्स" के अनुच्छेद 19 व अनुच्छेद 22 का हवाला दिया है। ये अनुच्छेद क्रमश: अभिव्यक्ति की स्वतंत्रता तथा संस्थाओं से जुड़ने की स्वतंत्रता के कॉवीनेंट (Covenant) का समर्थक राष्ट्र है। अत: भारत सरकार को इन अधिकारों की रक्षा करनी है तथा इस संदर्भ में, उसे डॉ. सेन के अधिकारों की रक्षा तो करनी ही होगी।

नहीं मिली अमेरिका जाने की इजाज़त

डॉ. सेन को अमेरिका जाकर सम्मान प्राप्त करने का अवसर नहीं दिया गया। इलीना सेन ने यह सम्मान उनकी ओर से 29 मई, 2008 को वाशिंगटन (डी.सी.) में प्राप्त किया। नोबेल पुरस्कार विजेता, डॉ. अमर्त्य सेन के अनुसार, विधि की प्रक्रिया को मानवीय तर्कों से अलग नहीं किया जाना चाहिए। मिन्नी वैद की पुस्तक, *A Doctor to Defend,* का विमोचन करते हुए डॉ. अमर्त्य सेन ने कहा: "मैं ज़ोर देकर यह बात कहना चाहूंगा कि उनका कार्य महान था तथा यह (काम) देशद्रोह का मामला नहीं है। मेरे विचार में यह देशद्रोह नहीं था; उनका काम असाधारण (extraordinary) तथा अनुकरणीय (exemplary) रहा है। एक डॉक्टर के तौर पर, वह काफ़ी धन कमा रहे होते परंतु उन्होंने ऐसा (काम) करने का ही फैसला किया। उन्होंने लोगों की सेवा करने का निर्णय लिया।"

स्वामी अग्निवेश, जो एक प्रसिद्ध सामाजिक सक्रियवादी हैं, ने डॉ. बिनायक सेन को दंडित करने के मामले को न्याय का उपहास बताया तथा उम्मीद ज़ाहिर की कि माननीय सर्वोच्च न्यायालय उच्च न्यायालय के आदेश को निरस्त्र कर देगा। (The Hindu] January 3, 2011)

विश्व भर में रैलियाँ व विरोध प्रदर्शन

डॉ. सेन को दंडित करने के विरोध में कई और लोगों ने भी अपनी विरोधपूर्ण आवाज़ उठाई "फ्री बिनायक सेन कैंपेन" के अंतर्गत भारत तथा विदेशों में विरोध प्रदर्शन हुए तथा रैलियां भी आयोजित की गई। हस्ताक्षर अभियान मानवाधिकार सक्रियतावादियों के द्वारा देश के मुख्य शहरों में चलाए गए। जबकि पी.यू.सी.एल. ने अधिकतर मामलों में इन अभियानों का संयोजन किया, अन्य जन अधिकार संस्थाओं ने प्रत्येक स्थान पर इन अभियानों में पूरे जोश के साथ भाग लिया। मीडिया अब पूरी तरह एक्टिव हो चुका था। उसने स्थानीय व राष्ट्रीय स्तर के अख़बारों ने सभी स्थानों पर इन अभियानों को कवर किया। टी.वी. चैनलों ने इस मामले के घटनाचक्रों को टेलीकास्ट किया। इंटरनेट का वेबसाईट www.binayaksen.com इस मामले से संबद्ध नवीनतम समाचारों, छोटे लेखों, विरोध रैलियों के विवरणों, भारत व विदेश के लोगों के द्वारा पोस्ट किए गए संदेशों तथा सेन परिवार के साथ एकजुटता को प्रकट करने हेतु कई संदेशों से भर गया। शायद यह मानवाधिकारों से वास्ता रखने वाला सबसे अधिक सर्च होने वाला वेबसाईट बन चुका है तथा इसका इस्तेमाल युवा व बूढ़े समान रूप से कर रहे हैं। फ़ेसबुक (Facebook) भी डॉ. सेन की सज़ा के ख़िलाफ़ रोचक अभिव्यक्ति का एक ज़रिया बन गया है। हज़ारों फ़ेसबुक उपभोक्ता, जिनमें से अधिकांश युवा ही हैं, ने डॉ. सेन का साथ देने की हामी भरी है। उन्होंने डॉ. सेन के शांति, न्याय तथा समानता के लिए आरंभ किए गए इस संघर्ष का हिस्सा बनने के लिए अपनी इच्छा ज़ाहिर की है। चंडीगढ़ से लेकर बंगलूरू तक तथा अमृतसर से लेकर मुंबई तक इस अभियान ने लोगों को हिलाकर रख दिया है। सभी आयु वर्गों के नागरिकों का इन कार्यक्रमों भाग लेना, विशेष तौर पर युवाओं का, बहुत ही आश्चर्यजनक घटना रही है। लोग इस बात को जानते हैं कि यह जद्दोजहद अभी ख़त्म नहीं हुई और उनको इस आंदोलन के साथ इसी ताकत के साथ चलते रहना होगा, जब तक डा. सेन की अंतिम जीत का मकसद फतह ना हो जाए।

अभियान के ख़ास पहलू

उन सभी रैलियों, प्रदर्शनों तथा समारोहों का लेखा-जोखा यहां देना संभव नहीं है, जो ''फ्री बिनायक सेन कैंपेन'' के अंतर्गत आयोजित किए गए थे। परंतु हमें उनमें से कुछेक का लेखा-जोखा यहां देना ही चाहिए ताकि हमें ज़रा सा अंदाज़ा लग सके कि कि लोगों की ओर से इस संघर्ष के लिए कितनी प्रतिक्रिया हुई। पुणे, मुंबई,

चेन्नई, बंगलूरू, त्रिरुवनंतपुरम, इंफाल, गोरखपुर, नई दिल्ली तथा अन्य नगरों में मानवाधिकारों तथा डॉ. सेन को स्वतंत्र करने के मुद्दों पर फिल्म फेस्टीवल आयोजित किए गए। बिनायक सेन की 84-वर्षीय माता, अनुसूया सेन, ने 30 जनवरी, 2011 को कोलकाता में आयोजित एक विरोध मार्च में भाग लिया। उन्होंने कहा: "यह संघर्ष किसी एक व्यक्ति के विरुद्ध नहीं है... यह अन्याय के विरुद्ध है। आई.पी.सी. की धारा 124 (a) जैसे कानून एक स्वतंत्र देश में कोई स्थान नहीं पा सकते। हम इसे अराजकता के अलावा और क्या कह सकते हैं कि शासन एक ऐसे व्यक्ति को सज़ा दे रहा है, जिसने अपने लोगों के लिए 30 वर्षों तक कार्य किया है। जिन्होंने जानबूझ कर यह ग़लत काम किया है, उन्हें मैं यह कहना चाहती हूं कि यह सब इस देश में नहीं चलेगा।" (*The Hindu*, January 31, 2011)

पी.यू.सी.एल., सी.पी.आई, छत्तीसगढ़ मुक्ति मोर्चा (CMM), आदिवासी महासभा, भारतीय मुस्लिम आंदोलन तथा छत्तीसगढ़ बचाओ आंदोलन द्वारा शहीद दिवस अर्थात 30 जनवरी, 2011 को एक ज़बर्दस्त रैली का आयोजन किया गया। वहाँ उस रैली में उपस्थित लोगों ने न केवल डॉ. बिनायक सेन बल्कि करतन जोगा तथा कपरम कुंजुम को भी रिहा करने की मांग की। याद रहे कि इन दोनों पर माओवादियों की सहायता करने का आरोप लगाया गया है। (*The Hindu*, January 31, 2011) ऐसी ही एक विरोध रैली शहीद दिवस पर जयपुर में आयोजित की गई। इस रैली में वक्ताओं ने देशद्रोह को एक पोलिटिकल हथियार बताया तथा डॉ. बिनायक सेन की तुरंत रिहाई की करते हुए आई.पी.सी. की धारा 124 (a) को ख़ारिज करने की मांग की।

अन्य देशों में विरोध मार्च

डॉ. बिनायक सेन की गिरफ़्तारी तथा उनको सज़ा सुनाए जाने के समय से ही विरोध मार्च तथा रैलियाँ विश्व के कई नगरों में किए जा रहे हैं। उनमें से कुछ नगर हैं लंदन, न्यूयॉर्क, बोस्टन, सान फ्राँसिस्को, एडिनबर्ग इत्यादि। जर्मनी, फ्राँस, कनाडा, स्वीडन तथा जापान में भी प्रदर्शन हुए। एमनैस्टी इंन्टरनेशनल, यूरोपियन यूनियन और राष्ट्रमंडल मानव अधिकार इनीशिएटिव (CHRI) ने कुछ ट्रायल कार्यवाहियों में अपनी उपस्थिति दर्ज करवाई। इसके अलावा पी.यू.सी.एल. की प्रतिनिधि तथा एम.एफ़.सी. (पुणे) के प्रतिनिधि भी अदालत की ट्रायल कार्यवाही देखने आए। वे सब "फ़्री बिनायक सेन कैंपेन" का एक अभिन्न अंग बन गए। उन सबने इस मामले में न्याय के लिए गुहार की। प्रसिद्ध सामाजिक एक्टिविस्ट, अरुंधती रॉय, ने

भी विरोध बैठकों में भाग लिया तथा इस विषय पर अपने विचार खुलकर व्यक्त किए। पूरे भारत में तथा विश्व के अन्य देशों में प्रगतिशील लोगों ने इस अंतर्राष्ट्रीय अभियान में भाग लेकर डॉ. बिनायक सेन की आज़ादी की मांग की। प्रदर्शनकारियों ने मोमबत्ती मार्च, गोष्ठियों, चर्चाओं, बैनरों, नारों, मांगों, प्रस्तावों आदि के माध्यम से डॉ. बिनायक सेन को रिहा करवाने की मांग की। वह विश्व में मानवाधिकारों के लिए संघर्ष के चिन्ह के रूप में उभरकर सामने आए हैं।

राजधानी नई दिल्ली भी जीवन के सभी क्षेत्रों से आए लोगों के द्वारा किए गए प्रदर्शनों की गवाह रही है। इन प्रदर्शनों के द्वारा लोगों ने डॉ. बिनायक सेन की रिहाई की मांग की। विरोध प्रदर्शन दिल्ली के शिक्षण संस्थानों में भी देखे गए। छात्रों तथा युवाओं की विभिन्न कार्यक्रमों में उत्साहपूर्ण भागीदारी ने सबको चकित कर दिया। इन युवाओं का एक लक्ष्य के साथ जुड़ना इतना पूर्ण था कि कई युवा लोग बैनर ले जाते देखे गए, जिन पर लिखा था "मैं हूं बिनायक सेन!" उनको अपने विचारों व भावनाओं की अभिव्यक्ति हेतु एक रोल मॉडल चाहिए था तथा वह उनको डॉ. बिनायक सेन के रूप में मिल गया। नई दिल्ली में 4 से 6 अप्रैल, 2011 के बीच तीन-दिवसीय कार्यक्रम "जस्टिस ऑन ट्रायल," जो शायद "फ़्री बिनायक सेन कैंपेन" का चरणबिंदु था, आयोजित किया गया। यह एक ऐसा कार्यक्रम था, जो वर्तमान समय के श्रेष्ठ कलाकारों, फ़ोटोग्राफरों, फ़िल्म बनाने वालों, संगीत बनाने वालों तथा एक्टिविस्टों के द्वारा मिलकर पेश किया गया था। वे वहां पर लोकतंत्र, स्वतंत्रता तथा मानवाधिकारों के लिए संघर्ष को बढ़ाने के लिए इकट्ठा हुए थे। उन तीनों दिनों में प्रदर्शनियाँ, बात-चीत, पैनल की बात-चीत, फ़िल्में इत्यादि उन जीवन्त कार्यक्रमों के मुख्य भाग रहे। ऑडिटोरियम के अंदर तथा बाहर तिल धरने की जगह भी नहीं थी। लोग ऑडिटोरियम के मंच पर तथा बाहर लगी बड़ी टी.वी. स्क्रीन पर कार्यक्रम देख रहे थे। यह कला, संगीत, रंगमंच, भाषणों तथा संस्कृति का एक अनोखा मिश्रण था। इस मनोरंजन का एक ध्येय था तथा इस प्रस्तुति के पीछे एक गंभीर विचार भी क्रियाशील था।

कला प्रदर्शनी

कला प्रदर्शनी प्रोबीर गुप्ता के द्वारा लगाई गई थी तथा उनको अनुभव नाथ (ओजस आर्ट), आनंदजीत रॉय, अरुण कुमार, भारती खेर, जीजी स्कारिया, मिट्ठू सेन, पाब्लो बार्थेलोक्म्यू, पार्थिव शाह, प्रशांत पंजियार, राम रहमान, शर्मीला सावंत, श्रेयास कार्ले, सुबोध गुप्ता, सुसांता मंडल तथा टी.वी. संतोष के द्वारा पूरा साथ दिया

गया। पोस्टर प्रदर्शन में अरिजीत सेन, एसा एसासी, राजीव गौतम, विश्वज्योति घोष, परिस्मिता सिंह, गिरीराज कंग तथा होरोजित सिनाम के पोस्टर प्रदर्शित किए गए। इन प्रदर्शनियों ने डॉ. बिनायक सेन तथा डॉ. इलीना सेन का स्वास्थ्य रक्षा, शिक्षा, खाद्य सुरक्षा प्रणालियों तथा मानवाधिकार अभियानों में किए गए कार्यों को प्रतिबिंबित किया। दर्शकों को छत्तीसगढ़ के आदिवासियों की सेवा हेतु किए जा रहे समर्पित प्रयासों का अहसास हुआ। सात ग्राफ़िक कलाकार "पीपल ट्री" के साथ जुड़े हुए हैं तथा वे डॉ. बिनायक सेन के जीवन पर एक पुस्तक प्रकाशित करने के लिए विचार कर रहे हैं।

फ़िल्में

इस मौके पर कुछ फ़िल्में भी दिखाई गई, जिनमें से एक का नाम "AFSPA 1958" था। यह एच.पी. कुमार के द्वारा बनाई गई थी तथा इसको कुछ सम्मान भी मिले थे। इस फ़िल्म में मनोरमा देवी के सशस्त्र बलों के हाथों हुए बलात्कार व हत्या के बाद मणिपुर में हुए विरोध प्रदर्शनों का फिल्मांकन किया गया है। एक अन्य फ़िल्म "Prisoners of Conscience" आनंद पटवर्धन के द्वारा बनाई गई थी। यह आपात्काल के दौरान राजनीतिक कैदियों पर हुए अत्याचारों की कहानियां बयाँ करती है। इन दोनों फ़िल्मों ने मानवाधिकारों के मुद्दे पर केंद्रित होकर दर्शकों को गंभीर होकर इस विषय पर सोचने के लिए मजबूर किया। अर्जुन रैना की फ़िल्म "Like a Bird on a Wire" ने एक बूढ़े आदमी के दु:ख को चित्रित किया जो न्याय की प्रतीक्षा कर रहा था। एक अन्य नाटक "I am Doctor Binayak Sen" का मंचन भी किया गया। तीसरा मंचन महमूद फ़ारूकी तथा दानिश हुसैन के द्वारा किया गया। इसका नाम 'दास्ताँगोई' था तथा इसमें डॉ. सेन के संघर्ष तथा छत्तीसगढ़ के आदिवासियों की हालत को बहुत बढ़िया तरीके से चित्रित किया गया। इस मंचन ने कोहिस्तान में मानवाधिकारों के लिए चल रही जद्दोजहद को दर्शाया गया। यह नाम छत्तीसगढ़ के लिए ही इस्तेमाल हुआ होगा। यह मंचन उर्दू में कथा-कहानी कहने की कला पर आधारित था। युवा अभिनेताओं ने एक डॉक्टर, जो कोहिस्तान में ह्यून राईट्स बनकर कार्य करता है, के कार्य को पेश किया। उन्होंने इस प्रस्तुति में कई हास्य रंग भरे, जिनसे शासन का लोगों के एक सच्चे मित्र के प्रति उदासीन रवैया उजागर हो गया।

जस्टिस ऑन ट्रायल

कार्यक्रम के दौरान पैनल बहस में अमित भंडारी, अरुंधती रॉय, कविता श्रीवास्तव तथा प्रशांत भूषण जैसे मानवाधिकार सक्रियतावादियों की उपस्थिति भी दर्ज की गई। इन मर्यादाओं के दौरान विचारों के बेबाक व निडर तरीकों से पेश किया गया। "फ्री बिनायक सेन कैंपेन" के तत्वाधान में, "जस्टिस ऑन ट्रायल" के शीर्षक तले एक तीन-दिवसीय कार्यक्रम चलाया गया। इसने डॉ सेन के ट्रायल की ओर लोगों का ध्यान आकर्षित किया। इन कार्यक्रमों में रंगों, ध्वनियों तथा विचारों का संगम हुआ, जिससे लोगों के मन में मानवाधिकारों के प्रति जागरूकता पैदा हुई। इन कार्यक्रमों ने लोगों को बहादुरी के साथ न्याय हेतु उठ खड़े होने के लिए प्रेरित किया ताकि देश के सामाजिक राजनीतिक तंत्र में बदलाव लाया जा सके। यह अभियान अभी भी किसी ना किसी रूप में जारी है, क्योंकि डॉ. बिनायक सेन का अदालतों में संघर्ष अभी समाप्त नहीं हुआ है। आशा है कि बिलासपुर उच्च न्यायालय इस मामले में एक तर्कपूर्ण निर्णय लेगा, अन्यथा डॉ. बिनायक सेन को न्याय के लिए सर्वोच्च न्यायालय का द्वार खटखटाना पड़ेगा।

भविष्य की ओर: अकेले बिनायक के लिए नहीं

यह अभियान केवल एक व्यक्ति को न्याय दिलाने के संघर्ष से आगे जा चुका है। इसने बहुत सारे मुद्दों को उठाया है, जिनमें ये सब मुद्दे भी शामिल हैं देशद्रोह से संबद्ध कानून, विकास हेतु विस्थापन, विद्रोहियों के द्वारा की जा रही हिंसा, न्याय की प्रणाली इत्यादि। ये मुद्दे बहस के विषय बने हुए हैं तथा हर जगह इनपर बहस हो रही है। इसके अलावा, लोग इन मुद्दों पर अपने विचार खुल कर व्यक्त कर रहे हैं। यह एक अच्छा प्रतीक है तथा यह लोगों के मूड व मानसिकता में आये परिवर्तन का भी सूचक है। वे (लोग) अब और अधिक देर तक अन्याय को सहन नहीं करना चाहते। वे चाहते हैं कि या तो राजनेता परिणाम दें या वे मैदान छोड़ दें। लोगों ने यह भी महसूस करना शुरू कर दिया है कि हिंसा को हिंसा के द्वारा मिटाया नहीं जा सकता तथा सरकार को एक गंभीर संवाद आरंभ करना चाहिए ताकि वह लोगों की सामाजिक-आर्थिक समस्याओं को सुलझा सके। यदि वह (सरकार) चाहती है कि (छत्तीसगढ़ समेत) देश के कई भागों में विद्रोह की चुनौती का मुकाबला कर पाए तो उसे कई ठोस कदम उठाने होंगे। इसमें लक्ष्य के प्रति पूर्णतया सभी ईमानदारी रखने की आवश्यकता है तथा कार्यों में पूरी पारदर्शिता होनी भी ज़रूरी है (यदि सरकार इस समस्या को तुरंत सुलझाना चाहती है)। इस

संदर्भ में, डॉ. बिनायक सेन जैसे लोग काफ़ी मददगार साबित हो सकते हैं, यदि सरकार उनकी मदद मांगने के लिए तत्पर हो। केंद्र सरकार ने डॉ. सेन को पहले से ही बारहवीं पंचवर्षीय योजना (Twelfth Five Year Plan 2012-17) के स्वास्थ्य रक्षा कार्यक्रमों की प्लान बनाने के लिए नामज़द कर दिया है। परंतु उन्हें (सरकारी अधिकारियों को) यह अवश्य सुनिश्चित कर लेना चाहिए कि अब डॉ. सेन के सिर पर कोई तलवार न लटकती रहे। अंत में, शासन को यह सुनिश्चित करना चाहिए कि वह सच्चे अर्थों में स्वतंत्र हो जाएं ताकि वह अपने देश की जनता को अपनी बेहतरीन सामाजिक-मेडिकल सेवाएं दे सकें।

इस कैंपन ने यह साबित कर दिया कि भारतीय मानसिकता बदलाव के प्रति सेंसिटिव है...

अध्याय 10

दुश्मन या दोस्त

आरंभः एक दुश्मन का भला

इक्कीसवी शताब्दी में, डॉ. बिनायक सेन एक अनूठे व्यक्ति के रूप में उभरकर सामने आए हैं। वह छत्तीसगढ़ के आदिवासी क्षेत्र में चुपचाप ग़रीब लोगों की सेवा कर रहे थे। उन्हें अपने कार्य से प्रेम था। वह ग्रामीणों से एक सच्चे मित्र की तरह घुल-मिल जाते थे, मानो वह उनके ही परिवार के सदस्य हों। वह उनको आम दवाइयां देते थे तथा स्वास्थ्य रक्षा के बारे में भी सलाह दिया करते थे। उनका रवैया दयालुता से पूर्ण था। मरीज़ों की समस्याओं को सुनते समय वह उन मरीज़ों के बारे में ही सोचा करते थे। एक बुज़ुर्ग की भाँति वह उनको तकलीफ़ के दिनों के लिए अन्न बचाकर रखने के लिए कहते थे। वह उनको कीटनाशक दवाओं के ख़तरनाक प्रभावों के बारे में भी बताते रहते थे। उन्होंने ऑर्गेनिक फ़ार्मिंग करने का सुझाव दिया। वह लोगों के साथ उनके घरों में मिट्टी वाले फ़र्श पर बैठकर परिवार के सदस्य की भांति खाना खाते थे। वह उनके साथ मित्रतापूर्ण व्यवहार करते थे तथा उनके मन में विश्वास जगाकर उनकी बीमारियां ठीक करते थे। वह उनको उनके नागरिक अधिकारों के बारे में भी बताया करते थे। वह सभी लोगों की मदद करते थे, जब उनके मानवाधिकारों का उल्लंघन होता था। वह हमेशा उनको एकजुट रहने, एक-दूसरे की सहायता करने, कड़ी मेहनत करने, सेहतमंद रहने तथा अपने बच्चों को स्कूल भेजने के लिए प्रेरित करते रहते थे। किसी भी व्यक्ति को यह सोचकर अचरज होगा कि इस प्रकार का व्यक्ति कैसे लोगों का दुश्मन हो सकता है।

सरकार का सबसे बड़ा हमला

जिस व्यक्ति की लोग देवता समान पूजा करते हैं, उस व्यक्ति पर देशद्रोह का आरोप लगाना एक बहुत बड़ी बात है। उनमें ज़रूरतमंद लोगों की सहायता करने का लक्ष्य था तथा ग़रीब आदिवासियों के लिए उनके मन में गहरी हमदर्दी थी। उन्होंने उन लोगों को घृणा से नहीं, बल्कि प्रेम से प्रेरित किया।

दुनिया ने दिए मान और सहारा

लोग ऐसे दयालु लोगों के प्रति अपने आभार सादे शब्दों तथा कार्यों के द्वारा प्रकट करते हैं। परंतु क्रिएटिव शक्ति वाले लोग अधिक संवेदनशीलता से रिएक्शन देते हैं। इस संसार में, जहां आगे बढ़ती हुई प्रौद्योगिकी तथा संचार क्षेत्र में आश्चर्यजनक घटनाक्रमों का बोलबाला है, युवा लोग अपने रिएक्शन वेबसाईटों पर व्यक्त करते हैं, जो जानकारी, शिक्षा तथा मनोरंजन से परिपूर्ण हैं। हाल ही में, एक युवा, इंदिरा सिन्हा, ने राजेंद्र राजन (जो एक हिंदी कवि हैं) की कविता का अंग्रेज़ी में अनुवाद *www.binayaksen.net* पर डाला। ऐसा इंदिरा ने डॉ. बिनायक सेन के साथ अपना साथ दर्शाने हेतु किया। यह कविता वस्तुत: इस कुलीन डॉक्टर का भावनात्मक चित्रण है। कविता काफ़ी मार्मिक तथा बिनायक सेन के दु:खों व संघर्ष के क्षणों की सजीव चितेरी है। आप उस कविता को उपरोक्त वेबसाईट पर पढ़कर कवि की भावनाओं को जान सकते हैं।

शायद वह कविता सब कुछ कह देती है। हम पहचान सकते हैं कि कौन लोगों के असली दुश्मन हैं तथा कौन लोगों के सच्चे मित्र। दुर्भाग्यवश, हमारे यहां भेड़ की खाल में भेड़िए हैं तथा आपराधिक पृष्ठभूमि वाले लोग राज्यों की विधानसभाओं तथा संसद में सीटें प्राप्त कर लेते हैं। वे शक्तिशाली कुर्सियों पर कब्ज़ा जमा लेते हैं तथा फिर, वे भ्रष्ट कार्यों में बेशर्मी से भाग लेते हैं। वे राष्ट्रीय सम्मान का अपमान करने से भी नहीं चूकते; राष्ट्रकुल देशों के खेलों को आयोजित करवाने वालों के भ्रष्ट सौदों का पर्दाफ़ाश इस संदर्भ में एक उदाहरण है। अत: हमें लोगों के असली दुश्मनों की तलाश करनी होगी।

मीडिया ने लिया इंटरव्यू

देशद्रोह का कोई भी कार्य हिंसा से ओतप्रोत होता है, या उसमें हिंसा को भड़काने की नीयत छुपी होती है। शायद डॉ. सेन के संघर्ष का सबसे बड़ा गुण उनका अहिंसा में पूर्ण विश्वास तथा विरोध प्रकट करने के संवैधानिक तरीकों में पूरा भरोसा है। अब जबकि वह ज़मानत पर रिहा हो चुके हैं, वह अभी भी संघर्षरत हैं तथा इस विषय पर खुलकर अपने विचार प्रकट करते हैं। श्री पाणिनी आनंद, जो www.samayline.com के संपादक हैं, ने डॉ. सेन से कई मुद्दों पर बात की। उस मुलाकात के कुछ अंश 12 मई 2011 को www.binayaksen.net पर पोस्ट किए गए थे। उस साक्षात्कार में शासन द्वारा स्पाँसर किया गया आतंकवाद तथा नक्लवादियों द्वारा फैलाए जा रहे आतंकवाद पर एक विशेष प्रश्न था, जिसके उत्तर

में डॉ. सेन ने कहा: "मानवाधिकार संस्थाएं कभी भी हिंसा का समर्थन नहीं करतीं; ना ही हम ऐसी हिंसा का समर्थन करते हैं।" वह प्लानिंग के तरीके से की जा रही हिंसा का अंत चाहते थे, जिसके कारण ग़रीब लोगों का उनके प्राकृतिक संसाधनों से वंचित किया जा रहा था। एक अन्य प्रश्न सरकार के उस रवैये के बारे में था, जिसके द्वारा वह कुछ प्रभावशाली लोगों को संसाधन का पूर्ण स्वामी बना देना चाहती थी (जिनमें भूमि, जंगल तथा जल संसाधन शामिल थे)। विभिन्न मानवाधिकार संस्थाओं के रोल के बारे में भी यही प्रश्न डॉ. सेन से पूछा गया था। इसके जवाब में आपने कहा: "मैं सरकार के भूमि पर कब्जा करने तथा उस भूमि को निजी कंपनियों में बांटने के कार्य का समर्थन नहीं करता। सरकार को लोगों को उनके रहने के स्थान से विस्थापित नहीं करना चाहिए, वह भी अपने अंदाज़ों व रुचियों को मद्देनज़र रखकर। आम आदमी तभी खुशहाल हो सकता है, जब न्याय का शासन सशक्त व कार्यरत हो.... पी.यू.सी.एल तथा अन्य संस्थाएं इस बात पर एकजुट होकर संघर्ष कर रही हैं, चाहे उनमें अन्य मुद्दों को लेकर मतभेद हैं। पी.यू.सी.एल. का इतिहास है। श्री जयप्रकाश नारायण के समय से लेकर हमने लोकतांत्रिक तरीके से कई अभियान आरंभ किए हैं। हम अपनी शानदार परंपरा को मन में रखते हुए, हम भविष्य में भी सामाजिक न्याय के लिए कई अन्य लड़ाईयां आरंभ करने की कामना करते हैं।"

उनके "न्याय का शासन" (rule of justice) तथा "न्यायोचित कार्यवाही" (fair play) पर ज़ोर देने के प्रयास ने उन्हें राज्य सरकार की नाराज़गी का शिकार बना दिया जो यह नहीं चाहती थी कि वह (डॉ. सेन) उसकी नीतियों तथा कार्यक्रमों के बारे में कोई प्रश्न पूछें। परंतु वह लोगों के अधिकारों हेतु अपना संघर्ष जारी रखे हुए हैं, चाहे छत्तीसगढ़ सरकार ने उनके साथ घोर अन्याय किया है।

सरकार की निगाह में अभी भी दुश्मन

चाहे राज्य सरकार उन्हें लोगों का मित्र नहीं मानती है तथा लोगों की तकलीफ़ों व विस्थापन की परवाह किए बगैर अपनी ही विकास नीतियों को लागू करने पर आमादा है, फिर भी लोग (आम तौर पर) और मानवाधिकार एक्टिविस्ट (विशेष तौर पर) यह जानते हैं कि स्वास्थ रक्षा क्षेत्र तथा छत्तीसगढ़ के आदिवासी क्षेत्रों में मानवाधिकारों की रक्षा के क्षेत्र में उनका कार्य पूरे भारत में अतुलनीय है। उनकी स्वास्थ्य कार्यक्रमों तथा लोगों की भलाई से संबद्ध कार्यकलापों के प्रति कमिटमेंट इतनी मज़बूत है कि वह स्वयं ग़रीब ग्रामीणों के घरों में जाया करते थे तथा हर प्रकार से उनका मार्गदर्शन

किया करते थे। पी.यू.सी.एल. (छत्तीसगढ़) के महासचिव के तौर पर, आपने मानवाधिकारों के उल्लंघन के मामलों को बड़ी गंभीरता से लिया तथा साफ़-साफ़ शब्दों में सल्वा जुडुम के द्वारा किए जा रहे अत्याचारों की घोर निंदा की। आपने एक जांच रिपोर्ट प्रकाशित की तथा मानवाधिकारों के उल्लंघन के मामलों के विरुद्ध विरोध समारोह आयोजित किए। आपने यह कोशिश की कि राज्य सरकार तर्क-वितर्क देख ले तथा लोगों को विकास के नाम पर (उनके ही घरों से) ना निकालें।

ग्वांगज़ सम्मान

उनके कार्य को पूरी दुनिया में प्रशंसा मिली। उनको वर्ष 2008 में "जोनाथन मान पुरस्कार" (Jonathan Mann Award for Global Health and Human Rights) भी मिल चुका है। इस पुरस्कार के लिए पूरे एशिया से 32 नाम नामांकित किए गए थे, परंतु अपने उत्कृष्ट कार्य के लिए डॉ. सेन पुरस्कार समिति के द्वारा इस पुरस्कार को पाने हेतु चुने गए। ज्यूरी की पुरस्कार घोषणा इस प्रकार है:

"बिनायक सेन ने एक अनुभवी डॉक्टर के तौर पर ग़रीबों को स्वास्थ्य सेवाएं दे कर स्वयं को विशेष बनाया है तथा साथ ही छत्तीसगढ़, जो मध्य भारत का एक राज्य है, के ग़रीब लोगों के मानवाधिकारों के हनन तथा उन पर किए जा रहे जुल्मों के विरुद्ध ज़ोरदार वकालत की। इसके अलावा, वह "पीपल्स यूनियन फ़ॉर सिविल लिबर्टीज़" में भी सक्रिय रहे हैं, जिसमें रहकर आपने नक्सल विरोधी संघर्ष के दौर मानवाधिकार हनन के मामलों को दस्तावेजों में डाला है।"

इस पुरस्कार में 50,000 डॉलरों का इनाम शामिल है तथा यह प्रत्येक वर्ष 18 मई को प्रदान किया जाता है। यह ग्वांगजू लोकतांत्रिक विद्रोह की वर्षगांठ पर मनाया जाता है; इस विद्रोह ने सारे दक्षिण कोरिया को परिवर्तित होने के लिए प्रेरित किया था तथा वह देश सैनिक डिक्टेटरशिप के अधीन एक देश के स्थान पर एक लोकतंत्र के रूप में परिवर्तित हो गया था।

म्याँमार की लोकतंत्र समर्थक नेता, आंग साँ सू ची, ने यह पुरस्कार वर्ष 2004 में प्राप्त किया था। इस पुरस्कार की पिछली भारतीय विजेता इरोन शर्मिला थीं, जो मणिपुर की एक मानवाधिकार एक्टिविस्ट हैं। अत: डॉ. बिनायक सेन अन्य देशों में अपने कार्य के लिए सम्मानित किए जा रहे हैं, परंतु उनकी अपनी राज्य सरकार उनको देश-विरोधी तथा देशद्रोही मान रही है।

जहां पर छत्तीसगढ़ सरकार ने उन्हें "माओवादियों का कूरियर" तथा "एक नकली डॉक्टर" की उपधियों से नवाज़ा है, छत्तीसगढ़ के लोग उनको एक

रक्षक मानते हैं। उनके लिए, वह भगवान हैं तथा वे लोग चाहते हैं कि वह (डॉ सेन) उनकी (लोगों की) वेदनाओं व कष्टों को कम करने के लिए किए जाने वाले कार्यों को प्रारंभ करें।

क्रिएटिव कलाकारों का एक मसीहा को समर्थन

सृजनात्मक कलाकारों के एक गुट ने एक ज़ोरदार बयान जारी करते हुए डॉ. सेन के लिए न्याय की मांग की है। ऐसा उन्होंने "जस्टिस ऑन ट्रायल" नामक कार्यक्रम के आयोजन के दौरान किया, जो नई दिल्ली में 4 अप्रैल, 2011 को आयोजित किया गया था। उस गुट का बयान निम्नलिखित है।

"जस्टिस ऑन ट्रायल" कार्यक्रम के दौरान कलाकारों का बयान

नई दिल्ली, 4 अप्रैल, 2011

हम सभी कलाकार, जिनके हस्ताक्षर इस वक्तव्य के अंत में मौजूद हैं, ने हमारे कार्यों व शक्तियों को एकत्रित किया है तथा अगले तीन दिनों तक हम एकजुट रूप से खड़े हैं ताकि डॉ बिनायक सेन को न्याय दिलाया जा सके। हम उन कम जानेमाने बंधकों व कैदियों के लिए भी न्याय की मांग करते हैं, जो ग़लत व अन्यायपूर्ण कानूनों के कारण बंदीग्रह में एकांत जीवनयापन कर रहे हैं। इस संदर्भ में देशद्रोह एक्ट (Sedition Act) तथा अवैध गतिविधियां रोकने का एक्ट (Unlawful Activities Prevention Act) दो मुख्य कानून हैं। हम यह बात ज़ोर देकर कहते हैं कि देशद्रोह का कानून हमारे (ब्रिटिश) उपनिवेशवाद की शर्मनाक खुर्चन है तथा इसका एक स्वतंत्र समाज में कोई भी स्थान नहीं हो सकता। हम यह मांग करते हैं कि इससे पीछा छुड़ा लिया जाए।

हम डॉ. बिनायक सेन को ऐसे व्यक्ति के रूप में जानते हैं जो रक्षा तथा न्याय व स्वतंत्रता को कायम रखने हेतु पूर्णतया वचनबद्ध हैं। हमें ज्ञात है कि उनके विरुद्ध बनाया गया मामला सर्वाधिक सारहीन (flimsiest) आधारों से खड़ा किया है। हम निश्चित तौर पर (unequivocally) कहते हैं कि न्यायालयों द्वारा तथा छत्तीसगढ़ राज्य सरकार द्वारा उनके साथ किया गया बर्ताव हमें स्वीकार नहीं है। हम इस मामले में उनका उन्मुक्त तथा न्यायोचित ट्रायल चाहते हैं, ना कि हमारी न्यायिक प्रक्रिया के ढकोसले। यह प्रक्रिया उनको छत्तीसगढ़ में सज़ा देने से पूर्व की गई थी। हम मांग करते हैं कि उन्हें ज़मानत पर रिहा कर दिया जाए। देशद्रोह का कानून अभिव्यक्ति की स्वतंत्रता पर सीधा हमला करता है तथा इसीलिए, संस्कृति, कला तथा प्रबुद्ध जीवन के लिए एक स्वस्थ वातावरण तैयार करने के लिए उपयुक्त

परिस्थितियों के साथ इस कानून का सामंजस्य होना असंभव है। कलाकारों के तौर पर, हम यह समझते हैं कि हम अभिव्यक्ति की स्वतंत्रता तथा अंतःकरण पर हमला होने से सीधे रूप से प्रभावित होते हैं। स्वतंत्रता का मूल्य समझते हैं, क्योंकि इसके बिना हम काम नहीं कर सकते।

इसी कारणवश, जब हम स्वतंत्रता पर हमले होते देखते हैं तो हम असंवेदनशील नहीं बने रह सकते। कोई भी सभ्य समाज डॉ. बिनायक सेन जैसे व्यक्ति को जेल में नहीं भेजता, वह भी उस कार्य को करने के लिए जो केवल एक डॉक्टर तथा एक मानवाधिकार सक्रियतावादी के तौर पर उनका कर्तव्य ही माना जा सकता है। हमारी स्वतंत्रता का अवमूल्यन तब होता है, जब डॉ. सेन जैसे व्यक्ति तथा साथ ही, कई अन्य निरपराध पुरुषों व महिलाओं को उनकी स्वतंत्रता से वंचित रखा जाता है। यदि आज यह बिनायक सेन के साथ हो सकता है तो कल यह किसी के साथ भी हो सकता है।

हम समाज के सभी वर्गों को तथा सभी पुरुषों व स्त्रियों (जो स्वतंत्रता तथा लोकतांत्रिक मूल्यों के प्रति वचनबद्ध हैं) को कहते हैं कि वे हमारा साथ दें। डॉ. बिनायक सेन को न्याय दिलवाने की मांग करने तथा अन्य कई कैदियों, विचाराधीन (undertrials) तथा बंदी बनाए गए लोगों को भी न्याय दिलवाने के लिए वे हमारा साथ दें।

आनंदजीत रॉय, अरुण कुमार एच. जी., भारती खैर, जीजी स्कारिया, मिट्ठू सेन, पाबलो बार्थोलोम्यू, पार्थिव शाह, प्रशांत पंजियार, प्रोबीर गुरता, राम रहमान, शर्मिला सामंत, श्रेयास कार्ले, सुबोध गुप्ता, सुशांता मोंडल, टी.वी संतोष।

समझदारों ने दिया मुश्किल में सहारा

शायद भारत का कोई भी ह्यूमन राईट्स के लिए संघर्ष करने वाला सैनिक इतना प्रेम तथा संबल लोगों के द्वारा प्राप्त नहीं कर पाया, जो डॉ. बिनायक सेन ने इस देश में प्राप्त किया है। उनके समर्थन में, सभी महत्वपूर्ण शहरों तथा यहां तक कि, छोटे नगरों में भी विरोध प्रदर्शन, रैलियाँ, मोमबत्ती मार्च, हस्ताक्षर अभियान, विज्ञप्तियों की प्रस्तुति आदि नाना प्रकार के कार्यक्रम आयोजित करवाए गए हैं। पी.यू. सी.एल. भारत तथा विदेशों में इस संबंध में हुए घटनाचक्रों की जानकारी देने में सक्षम रही है। इससे मानवाधिकारों से संबद्ध लोगों तथा संस्थाओं की ओर से तुरंत प्रतिक्रियाएं आ गई थीं। लोगों की तरफ़ से अत्याधिक भारी प्रतिक्रियाएं आई हैं तथा इन्हीं प्रतिक्रियाओं ने इस अग्निपरीक्षा के दौरान डॉ. सेन को संभाले रखा है।

जहां भारत तथा विदेशों की चिकित्सा बिरादरी ने एक कुलीन डॉक्टर के जेल जाने पर गहरी आपत्ति जताई है, वहाँ कानूनी सलाहकार भी अदालतों में उनका बचाव करने हेतु आगे आए हैं।

भारत के विभिन्न भागों में चल रही विद्रोह की समस्या हिंसा के प्रयोग से सुलझाई नहीं जा सकती, वरन् वह ईमानदार बातचीत तथा संजीदा कोशिशों के द्वारा ही सुलझाई जा सकती है। राज्य सरकार डॉ. बिनायक सेन के सकारात्मक कार्य को स्वीकार करने के लिए तैयार नहीं है, जो उन्होंने मानव कल्याण हेतु किया है। परंतु सामान्य स्तर पर भारत के लोग तथा ख़ास तौर पर, छत्तीसगढ़ के लोग उनके इस संघर्ष में उनके साथ खड़े रहे हैं, जो सामाजिक न्याय तथा मानवाधिकारों के संरक्षण के लिए एक सही मांग है।

एक सेलिब्रिटी जिसके पास है मकसद

आज के दौर में, डॉ बिनायक सेन एक सेलिब्रिटी बन चुके हैं; वह युवाओं तथा बूढ़ों दोनों के लिए एक रोल मॉडल बन गए हैं। वह एक ऐसे नायक के रूप में उभर कर सामने आए हैं, जिसने दृढ़ इच्छाशक्ति, दृढ़ विश्वास (from conviction) तथा पर्याप्त मात्रा में साहस दिखाया है ताकि वह छत्तीसगढ़ के ग़रीब आदिवासियों के लिए लड़ सकें। ये लोग भय तथा अनिश्चितता के वातावरण में जी रहे हैं। डॉ. सेन आम लोगों के लिए एक मसीहा बन गए, हैं। इन लोगों की डॉ. सेन के उपचार के तरीकों तथा मुश्किल समस्याओं को सुलझाने की सरल सोच में पूरी आस्था है। वह सभी आयु वर्गों के लोगों में आत्मविश्वास जगाते हैं, उनकी व्यथा सुनते हैं तथा उनकी समस्याओं के समाधान सुझाते हैं। वह एक धार्मिक गुरु के तौर पर खुद को पेश नहीं करते; वह उनकी बीमारियों का इलाज एक चिकित्सक की तरह करते हैं तथा एक ज्ञानवान व्यक्ति की तरह उनका मार्गदर्शन करते हैं। वह कोई चमत्कार नहीं करते, परंतु अपने शब्दों तथा कार्यों के द्वारा चमत्कारी कार्यों को अंजाम अवश्य देते हैं। आपने स्वयं को लोगों का एक ऐसा महान नेता सिद्ध किया है, जो सामाजिक बदलाव ला सकता है। वह यह बदलाव अपने ध्येय के प्रति इमानदारी तथा कार्य करने के न्यायोचित तरीकों के द्वारा ला सकते हैं। वह वस्तुत: लोगों के एक सच्चे मित्र हैं।

इलीना भी बोलीं

नई दिल्ली में 4 अप्रैल, 2011 को श्रीमती इलीना सेन ने एक वक्तव्य जारी किया। डॉ. इलीना सेन ने उस वक्तव्य में कहा: "यह बहुत ही दु:ख का

विषय है कि हमारे संविधान की भावना की आजकल कई बार अवमानना होती है, जिसके कारण लोगों के लोकतांत्रिक अधिकारों की आहुति दी जा रही है तथा हमारे संविधान निर्माताओं का समाजवादी सपना दम तोड़ रहा है। बिनायक की कथा भी यही दर्शाती है कि हमारे राजनीतिक नेतृत्व तथा नौकरशाही के कार्य किस भ्रम (paranoia) के शिकार होते हैं, जब उन्हें पता चलता है कि उनकी असीमित शक्ति के परमादेश (writ) को भी चुनौती दी गई है। यह भी हमारे सिस्टम की एक शर्मनाक क्वालिटी ही है कि एक बार यदि सुरक्षा के नाम पर झूठा केस पंजीकृत कर दिया जाता है तो उस केस में समय को वापस ला पाना लगभग असंभव हो जाता है, तब भी जब तथ्य एकदम से स्पष्ट हमारे चेहरों को देख रहे हों तथा यह संकेत दे रहे हों कि उस केस का कोई आधार नहीं है। ... आज के दौर में, छत्तीसगढ़ तथा इसकी प्रगति का पुराना इतिहास दोनों ही विवादास्पद हैं। यह याद रखना जरूरी है कि राज्य के लोग सामाजिक न्याय, समानता तथा कायम रहने वाली (sustainable) प्रगति के लिए कई बार उठ खड़े हुए हैं तथा वह भी, हाल ही के पूर्व काल में। इसी दूरदृष्टि की तरफ़ हमें पलटना होगा, जबकि हम एक ख़तरनाक स्थिति से गुजर रहे हैं, क्योंकि हमारी सामूहिक सुरक्षा केवल हमारे लोगों की भलाई में ही हो सकती है।"

एक अड़ियल राज्य सरकार

यह प्रतीत होता है, राज्य सरकार उपरोक्त वक्तव्यों की सच्चाई का सम्मान नहीं कर पाएगी। जहां तक डॉ. सेन के खिलाफ़ देशद्रोह के मामले का प्रश्न है, वह अपना पुराना रवैया बदलने वाली नहीं। मज़ेदार बात यह है कि केंद्र सरकार ने कुछ सूझ-बूझ दिखाई है तथा डॉ सेन को बारहवीं पंचवर्षीय योजना के निर्माण हेतु शामिल कर लिया है। यह इस तरफ़ की स्पष्ट स्वीकृति है कि डॉ. सेन आख़िरकार लोगों के मित्र ही हैं। परंतु छत्तीसगढ़ की सरकार अभी भी उन्हें राज्य का दुश्मन समझ रही है। अतः वह उन पर मुकद्मे चला रही है। वे लोग शायद तभी सबक सीखेंगे, जब अंतिम फ़ैसला आ जाएगा। वह क्षण काफ़ी देरी से आएगा और तब सरकार के लिए भूलसुधार करने की कोई गुंजाइश ही नहीं बचेगी।

जनता की अदालत का फैसला मित्र

लोगों की अदालत में, डॉ सेन को पहले से दोषमुक्त करार दे दिया गया है। वे जानते

हैं कि डॉ. सेन उनके सच्चे मित्र हैं, जो उन (लोगों) के प्रेम व सम्मान के अधिकारी हैं। उन (लोगों) के लिए वह सामाजिक न्याय की एक प्रतिमा हैं। वह उन (लोगों) का सामाजिक-आर्थिक सुधार के मार्ग नेतृत्व कर सकते हैं। वह उन (लोगों) की तरक्की के एक प्रैक्टिकल मॉडल को अपनाने में मदद कर सकते हैं। वह सभी के मित्र हैं तथा किसी के भी दुश्मन नहीं हैं। वह चाहते हैं कि माओवादी हिंसा का मार्ग छोड़ दें तथा उनको पेश आने वाले मुख्य मुद्दों को सुलझाने के लिए संवैधानिक तरीके अपनाएं, परंतु विश्वास का बहुत भारी अभाव हुआ है तथा धीरे-धीरे, उम्मीद भी धुंधली होती चली गई है। सरकार की युद्ध जैसी नीतियां हमें कहीं भी नहीं ले जा सकेंगी। इस प्रकार, एक तरफ़ माओवादियों द्वारा की जा रही हत्याएं तथा दूसरी तरफ सुरक्षा बलों के द्वारा किए जा रहा नरसंहार बिना किसी बाधा के चलते रहेंगे। डॉ. बिनायक सेन जैसा लोगों का एक सच्चा मित्र इस स्थिति को ठीक करने के लिए मदद दे सकता है। परंतु सरकार का अड़ियल रवैया तथा साथ ही, उसका छुपा हुआ एजेंडा (जिसमें वह कॉर्पोरेट कंपनियों की मदद करके उन्हें लोगों की भूमि व जंगल विकास के नाम पर देने के लिए आमादा है) उसे पूर्ण विनाश की तरफ़ ले जाएंगे। सरकार कुछ भी करे तथा वह चाहे जितने लंबे समय तक डॉ. सेन को अदालतों में घसीटती रहे, लोग निश्चित रूप से जानते हैं कि डॉ. बिनायक सेन उनके मित्र थे, हैं और सदैव रहेंगे।

कोरिया का सफ़र

यह जानकर अत्याधिक हर्ष हुआ कि डॉ. सेन को दक्षिण कोरिया जाने की अनुमति दे दी गई ताकि वह ग्वांगजू पुरस्कार को व्यक्तिगत रूप से प्राप्त कर सके। उनका स्वीकृति भाषण www.binayaksen.net पर पोस्ट किया गया था; इसे 18 मई, 2011 को पोस्ट किया गया था। यह उनके विचारों (जो उन्होंने एक चिकित्सक तथा मानवाधिकार एक्टिविस्ट के तौर पर प्रकट किए थे) का शानदार रिकार्ड है। आपने उड़ीसा में पॉस्को (POSCO) की परियोजना की आलोचना करने में भी ज़रा सी हिचकिचाहट नहीं दिखाई। दक्षिण कोरिया उस परियोजना में एक भागीदार है। आपने 30,000 से भी अधिक उन किसानों तथा मछुआरों के लिए विरोध का स्वर ऊंचा किया है जो इस परियोजना (POSCO Project) के कारण विस्थापन के ख़तरे का सामना कर रहे हैं।

उनका स्वीकृति भाषण, जो सियोल में दिया गया था, "परिशिष्ट क" में दिया गया है।

भविष्य की ओरः दोस्त और फरिश्ता

वह लोगों के सच्चे मित्र हैं। हम मानव जाति के सभी सदस्यों से प्रार्थना करते हैं कि वे डॉ. बिनायक सेन, उनके परिवार के सदस्यों तथा उनके सहयोगियों को एकजुट होकर साथ दें। वह छत्तीसगढ़ की जनता के हीरो हैं। वह मानववादी मिशन के साथ निकले एक मसीहा हैं। वह पूर्ण विवेक से काम करने वाले विचारक हैं, जो डॉक्टर के रूप में हमारे बीच में हैं। वह पूरी दुनिया की सराहना और सहयोग के पात्र हैं।

वह आपकी मदद का इंतज़ार कर रहे हैं...

क्या वह आप पर भरोसा कर सकते हैं?

इस कुलीन डॉक्टर के बरी होने से हमारे देश में एक नए विश्वास का सूत्रपात होगा!

निष्कर्ष

किसी भी लेखक के लिए अपने समकालीन लोगों के बारे में लिखना मुश्किल होता है। यदि लेखक उनकी आलोचना करता है तो वह उनकी नाराज़गी पाता है। यदि वह उनकी तारीफ़ करता है तो उसके इरादों पर शक किया जाता है। परंतु मैंने इस कुलीन डॉक्टर पर अच्छी रिसर्च की तथा जाना कि वह उन सर्वश्रेष्ठ भारतीयों तथा इंसानों में से एक हैं, जिनपर हम सब भरोसा कर सकते हैं।

मैंने अख़बारों, मैगज़ीनों, वेबसाईटों तथा अन्य स्त्रोतों को अच्छी तरह खंगाला ताकि इस पुस्तक को लिख सकूँ। मैंने उनकी लड़ाई को समझने की कोशिश की, जिसके दो पहलू हैं "पब्लिक हेल्थ" तथा "सोशल जस्टिस।" मैं उनके बारे में जानने के लिए कई लोगों से मिला (मैंने उन सभी के नाम इस पुस्तक में दर्ज किए हैं)। पी.यू.सी.एल. के कार्यकर्ता, जैसे कि कविता श्रीवास्तव, महीपाल सिंह, प्रभाकर सिन्हा, जस्टिस राजेंद्र सच्चर तथा कई अन्यों ने मुझे इस विषय पर काफ़ी जानकारी दी। मेरे साथी दूसरे लेखक ने भी इस रिसर्च क्रिया में मेरा साथ दिया।

अत: मैंने इस मानववादी डॉक्टर को पहचानने के लिए सब कुछ किया। मैंने उनके द्वारा ग़रीबों के लिए किए गए काम और सामाजिक न्याय के लिए किए गए संघर्ष का ठीक तरीके से विश्लेषण करने की कोशिश की है ताकि लोग उनके द्वारा किए गए योगदान की प्रशंसा कर सकें।

मैं श्रीमती इलीना सेन से पी.यू.सी.एल. की एक बैठक के दौरान मिला तथा उनसे 'रुपांतर' के बारे में जानकारी देने की गुज़ारिश की। इस एन.जी.ओ. ने स्वास्थ्य रक्षा तथा शिक्षा के क्षेत्रों में काफ़ी काम किया है। मैं डॉ. बिनायक सेन और उनके सहयोगियों से भी मिला। उन सभी के साथ बातचीत काफ़ी फलदायक रही। डॉ. सेन ने काफ़ी अच्छे सुझाव दिए। मैंने पाया कि वह एक अहम्-रहित और संजीदा इंसान हैं।

मैं समझता हूँ कि डॉ. बिनायक सेन के उभर कर सामने आने के तीन कारण हैं सी.एम.सी. (वेल्लोर), पी.यू.सी.एल. और रुपांतर। शंकर गुहा नियोगी की

प्रेरणा तथा डॉ. इलीना सेन के सहयोग ने भी स्वास्थ्य रक्षा और सामाजिक बदलाव के क्षेत्रों में काफ़ी योगदान किया। डॉ. सेन ने ऐसा रास्ता दिखाया है जो प्रैक्टिकल भी है और उस पर अमल भी किया जा सकता है। आपने भारत के सबसे ग़रीब क्षेत्रों में से एक में कुपोषण के शिकार लोगों का इलाज किया। आपने सस्ता और कम ख़र्च वाला इलाज अपनाया। महंगे विटामिनों और भोजन की सिफ़ारिश करने की बजाए, डॉ. सेन ने घरेलू खाना और ऑर्गेनिक सब्ज़ियाँ खाने की सलाह दी। आपने ग़रीबों की ख़राब सेहत के लिए ज़िम्मेदार सामाजिक-आर्थिक कारणों की जांच की। आपने यह नतीजा निकाला कि लोगों की भलाई तभी हो सकती है, यदि उनके मानवाधिकारों की रक्षा होगी। इसी लिए, आपने एक दोधारी रणनीति अपने काम में अपना ली आपने 'स्वास्थ्य और मानवाधिकारों' को जोड़ दिया।

'रूपांतर' के बारे में जानकारी परिशिष्ट 'ख' में दी गई है। हमारे मूल्यवान पाठक इसे पढ़कर इस एन.जी.ओ. के बारे में काफ़ी कुछ जान सकते हैं।

"आपरेशन ग्रीन हंट" जैसे अभियानों के चलते रहने के बावजूद छत्तीसगढ़ और भारत के और भागों में माओवादियों की गतिविधियाँ जारी हैं। डॉ सेन ने कहा: "मैं सभी व्यक्तियों या एजेंसियों के द्वारा की जा रही हिंसा का निंदा करता हूँ। मेरा विश्वास है कि हिंसा लक्ष्यों को प्राप्त करने के लिए एक ग़लत रास्ता है, चाहे वे किसी शासन के लक्ष्य हों या किन्हीं लोगों के जो कानून के दायरे से बाहर काम कर रहे हों।" (परिशिष्ट 'क' में डॉ. सेन की "एक्सैप्टैंस स्पीच" अवश्य पढ़ें)

शासन के लिए तुरंत ज़रूरी है कि वह अपनी हिंसा की पॉलिसी पर दोबारा विचार करे। सरकार को ज्वलंत समस्याओं की जड़ों तक पहुंचना होगा। उसे बातचीत के द्वारा हल का रास्ता अपनाकर मुश्किलें हल करनी होंगी और संघर्ष का रास्ता छोड़ना ही होगा। तभी वह लोगों का विश्वास जीत पाएगी। माओवादियों से भी संजीदा बातचीत होनी चाहिए। उन्हें हिंसा का रास्ता छोड़ने के लिए प्रेरित किया जा सकता है। यदि वे नेपाल में हिंसा छोड़ सकते हैं तो वे भारत में भी ऐसा कर सकते हैं। राज्य सरकार और भारत सरकार का फ़र्ज़ है कि वह भारतीय संविधान को अपना समर्थन दें और भारतीय नागरिकों के नागरिक अधिकारों की रक्षा करें। अगर वे अपनी ज़िम्मेदारी से मुँह मोड़ लेंगी और लोगों को उनके अधिकारों से वंचित करेंगी तो डॉ. बिनायक सेन जैसे लोगों को उनके अधिकारों की रक्षा करने के लिए आगे आना ही पड़ेगा। पी.यू.सी.एल. जैसी संस्थाओं और अन्य मानवाधिकार संगठनों को सामाजिक न्याय और समानता के लिए लड़ाई करनी ही होगी। अगर

दुनिया के किसी भी हिस्से में मानवाधिकारों का हनन होता है तो वह लोगों की नज़रों से छुप नहीं सकता। "फ़्री बिनायक सेन" कैंपेन का चरित्र अब ग्लोबल हो चुका है। उनके काम को भारत और विदेशों में पहचाना जा रहा है। मानव स्वास्थ्य और मानवाधिकारों की रक्षा के क्षेत्रों में उनके द्वारा दिए गए योगदान के लिए उन्हें सम्मानित किया जाना चाहिए। डॉ. बिनायक सेन लोगों के सच्चे दोस्त हैं; वह किसी भी तरह से लोगों के दुश्मन नहीं हैं।

डॉ. बिनायक सेन के संघर्ष ने सभी आयु वर्गों तथा श्रेणियों के लोगों में जागरूकता पैदा कर दी है, ख़ास तौर पर युवाओं के मन में। भारत को सामाजिक रूपांतरण की ज़रूरत है, जो हमारे संविधान के दायरे में रखकर भी किया जा सकता हे। राजनेता अक्सर अपने स्वार्थ के लिए संविधान की धज्जियाँ उड़ा देते हैं। भारत के मानवाधिकार संस्थाओं को एक प्रभावपूर्ण गठबंधन बनाना ही होगा ताकि वह हमारे सामाजिक-राजनीतिक तंत्र की ओवरहॉलिंग करने के लिए एक जन अभियान की अगुवाई कर सकें। हमारे सामाजिक-आर्थिक तंत्र में भी बदलाव ज़रूरतों और उम्मीदों के मुताबिक होना चाहिए। अन्ना हज़ारे और बाबा रामदेव ने तो शुरुआत कर दी है; हाल ही के समय में घटी घटनाओं से इस ट्रेंड का साफ़ पता लग रहा है। अब डॉ. सेन और उनके भले साथियों को इस चिंगारी को आग में बदलना होगा।

समाज के सभी वर्गों को विकसित करने की ज़रूरत है, ख़ास तौर पर ग़रीबों को। विकास के फ़ायदे सिर्फ़ अमीर लोगों तक ही सीमित नहीं रहने चाहिएं। आर्थिक विकास के फल ग़रीब जनता को भी मुहैया करवाए जाने चाहिए। यह काम ईमानदारी से शासन करके तथा लोगों के लिए सुखद पॉलिसियों को बनाकर किया जा सकता है।

राजनेताओं को सही रास्ते पर रखने के लिए, डॉ. बिनायक सेन के नेतृत्व में एक जन आंदोलन शुरू किया जाना चाहिए। ऐसा इसलिए होना चाहिए क्योंकि वह इस दौर में आशा की एक किरण बन कर उभरे हैं। हमारे दौर में भ्रष्टाचार, शोषण और राजनीतिक अवसरवाद का दबदबा है। इसलिए हमें ज़रूरत है एक गंभीर किस्म की सर्जरी की।

- आइए, हम सभी इस जागरुकता का एक हिस्सा बन जाएं। ताकि हमारे देश के लाखों ग़रीब और वंचित लोगों के लिए एक बेहतर भविष्य(future) का प्रबन्ध हो सके।
- आइए, हम शांति, सामाजिक न्याय और समानता के लिए डटकर खड़े हो जाएं।

- आइए, हम जहाँ पर भी हों, हम डॉ. बिनायक सेन के उदाहरण का अनुसरण करें।
- आइए, हम सभी जगहों पर मानवाधिकारों की रक्षा के लिए ख़ुद को कमिट करें।

(यह निष्कर्ष डॉ. एस.एन. सेवक ने लिखा है)

उज्जवल भविष्य डॉ. बिनायक सेन तथा उनके योद्धाओं का इंतज़ार कर रहा है!

परिशिष्ट 'क'

ग्वांगजू पुरस्कार: स्वीकृति भाषण

डॉ. बिनायक सेन

18 मई, 2011

मुझे बड़े गौरव का आभास हो रहा है कि मुझे ग्वांगजू मानवाधिकार पुरस्कार (2011) देने के लिए चुना गया है। वास्तव में यह सम्मान केवल मेरे लिए नहीं बल्कि उन अनेकों कार्यकर्ताओं के लिए है जो मानवाधिकारों के लिए संघर्ष कर रहे हैं ताकि भारत में न्याय, शांति तथा समानता की स्थापना हो सके, जिसमें छत्तीसगढ़ भी शामिल है (जहां मैं रहता हूं और कार्य करता हूं)। आरंभ में, मैं उन सभी व्यक्तियों का धन्यवाद करना चाहूंगा, जिन्होंने मेरे बारे में तथा मेरे लिए कार्य किया है। तत्पश्चात, मैं अपने बारे में कुछ शब्द कहने का प्रयास करूंगा।

सबसे पहले मैं दक्षिण कोरिया के लोगों तथा विशेषकर ग्वांगजू के नागरिकों का धन्यवाद करूंगा, जिनके ऐतिहासिक संघर्ष के कारण समाज में स्वतंत्रता, प्रजातंत्र तथा न्याय के मूल्यों का निर्माण हुआ है। ग्वांगजू के शहीद सदा एशिया भर के लोगों के लिए प्रेरणास्रोत बने रहेंगे, जैसे हम इस संसार को बेहतर बनाने के लिए संघर्ष कर रहे हैं।

पहले मैं अपने बारे में कुछ संभव भ्रांतियों को दूर करने का संक्षिप्त प्रयत्न करूंगा। मैंने कभी भी देश के किसी नियम का उलंघन नहीं किया और ना ही अपने देश के लोगों के विरुद्ध कोई कार्य किया है। मैं पूरी दृढ़ता से हर प्रकार की हिंसा का विरोध करता हूं, चाहे वे कुछ व्यक्तियों अथवा संस्थाओं द्वारा की जाए। मैं यह विश्वास करता हूं कि अहिंसा किसी प्रकार के उद्देश्यों की प्राप्ति के लिए असंभव विधि है, चाहे वे उद्देश्य किसी राज्य के हों अथवा उन व्यक्तियों के जो कानून के क्षेत्र के बाहर काम करते हैं। चूँकि विधान को स्थापित रखने के लिए राज्य वचनबद्ध है, मैं विश्वास करता हूं कि हमें राज्य के उन प्रतिनिधियों को अधिक दोषी ठहराने का अधिकार है तथा कानून न मानने वाले लोगों को दोष देने का स्तर बाद में आता है। पीपल्स यूनियन फ़ॉर सिविल लिबर्टीज़ के सदस्यों तथा

वर्करों के तौर पर यह मेरा तथा मेरे सहयोगियों का उत्तरदायित्व है कि हम राज्य को भारतीय संविधान के प्रति ज़िम्मेदार कहें।

किसी भी राज्य में केवल सरकार तथा इसकी संस्थायें ही शामिल नहीं होतीं। समाज के रूप में हम सब राज्य का ही हिस्सा हैं तथा हमारे बिना राज्य का कोई कोई अस्तित्व ही नहीं। हिंसा के बारे में हम अक्सर यही सोचते हैं कि इसके लिये हथियारों तथा बमों इत्यादि का प्रयोग होता है। समाज में एक अन्य प्रकार की हिंसा भी होती है, जिसे हम व्यवस्थित हिंसा कह सकते हैं। मैं समझता हूं कि यह हिंसा बन्दूकों तथा बमों की हिंसा से अधिक प्रचलित तथा हानिकारक है, क्योंकि यह चारों तरफ मौजूद है और हमने इस ओर ध्यान देना बन्द कर दिया है। एक शिशु विशेषज्ञ तथा डॉक्टर के रूप में मुझे इस प्रकार की हिंसा की अधिक चिन्ता है।

मैं अपने भाषण का प्रारंभ अपने तथा अपने कार्यों के बारे में संक्षिप्त विवरण देकर करूंगा। इसके पश्चात् मैं यह बताने का प्रयत्न करूंगा कि मेरे देश भारत में क्या हो रहा है, जिस में संसार भर की आबादी का छठा हिस्सा रहता है। इस संदर्भ में मैं यह बताने का प्रयत्न भी करूंगा कि स्वास्थ्य तथा मानवाधिकारों की दशा में भारत पर क्या प्रभाव पड़ रहा है।

आज लगभग चार दशक पहले, मैंने क्रिश्चियन मेडिकल कॉलेज (वेल्लोर) (दक्षिण भारत) से शिशु विशेषज्ञ चिकित्सक के रूप में प्रशिक्षण प्राप्त किया। इसके पश्चात मैंने कुछ समय के लिए जवाहरलाल नेहरू यूनिवर्सिटी (नई दिल्ली) में काम किया और बाद में छत्तीसगढ़ जाने का निर्णय लिया। क्रिश्चियन मेडिकल कॉलेज में अपने स्नातक शोध-पत्र में मैंने बच्चों में गंभीर रूप से कुपोषण पर ध्यान दिया।

छत्तीसगढ़ मध्य भारत का एक प्रांत है, जो आज से दस साल पहले एक बड़े प्रांत मध्य प्रदेश का अंग था। इसे सन् 2000 में एक पृथक राज्य बनाया गया ताकि वहां के मूल निवासियों अथवा आदिवासियों की बड़ी जनसंख्या को विकसित होने का लाभ दिया जा सके।

नया प्रांत छत्तीसगढ़ खनिज पदार्थों की दृष्टि से देश का एक समृद्ध राज्य है, जहां लोहा, चूना, डोलोमाइट, कोयला तथा बैकालाईट भारी मात्रा में उपलब्ध हैं। इस राज्य में भारत भर के बीस प्रतिशत लोहे तथा सीमेंट का उत्पादन होता है तथा यह थर्मल पावर के उत्पादन का एक बड़ा केंद्र भी है। खनिज पदार्थों के अधिक स्रोत आदिवासियों की भूमि के नीचे स्थित हैं। फिर भी, भारत में आदिवासी एक

प्रकार से दुत्कारा गया जनसमूह हैं, जिन्हें लंबे समय से पोषण, पोषणिक सुरक्षा, स्वास्थ्य संभाल तथा शिक्षा की मूलभूत सुविधायें प्राप्त नहीं हैं। अब उन्हें उनके प्राकृतिक वातावरण से खदेड़ा जा रहा है और उनके परंपरागत आजीविका कमाने के साधनों को नष्ट किया जा रहा है ताकि राजनीति से प्रेरित कमर्शियल कंपनियों को उनकी भूमि के नीचे बड़ी विशाल मात्रा में पड़े खनिज पदार्थों का लाभ उठाने का मौका दिया जा सके।

जब मैं और मेरी पत्नी डॉ. इलीना सेन, जो एक समाजशास्त्री हैं तथा जिन्होंने जनसंख्या में लिंग संबंधी विषय पर अध्ययन किया है, वहां पहुंचे तो हमने छत्तीसगढ़ खान श्रमिक संघ के साथ काम करने का निश्चय किया, जो वहां की खान मज़दूरों तथा स्टील फ़ैक्ट्री के मज़दूरों का एक विलक्षण संगठन था। उसका संचालन एक नेता, शंकर गुहा नियोगी, कर रहे थे। नियोगी के नेतृत्व में खान मज़दूरों ने आदिवासी मज़दूरों तथा ठेके पर लगे मज़दूरों के अधिकारों के लिए ज़ोरदार संघर्ष किया और इसके साथ सामाजिक कार्यों के लिए प्रतिबद्ध होकर कार्य किया, जिनसे लोगों की शक्ति बढ़ी। समाज की शक्ति बढ़ाने के लिए स्वास्थ्य संबंधी सामाजिक कार्यकर्ताओं के प्रशिक्षण का विचार वहीं से उत्पन्न हुआ।

अस्सी के दशक के मध्य में, हम राजधानी रायपुर में आ गए तथा 'रूपांतर' की नींव रखी, जो समुदाय पर आधारित एक ग़ैर सरकारी संस्था थी। इसका उद्देश्य था स्वास्थ्य की संभाल तथा मानवाधिकारों की रक्षा के लिए एक सामूहिक नीति अपनाना, जिसमें स्त्रियों के अधिकार तथा भोजन सुरक्षा भी शामिल हों। इस संस्था द्वारा हमने स्वास्थ्य कार्यकर्ताओं के प्रशिक्षण तथा निर्देशन के बारे में ऐसी सामाजिक स्वास्थ्य योजना पर काम किया, जो अब राष्ट्रीय स्तर पर भारत भर में अपना ली गई है। छत्तीसगढ़ में स्वास्थ्य के क्षेत्र में लगभग तीस सालों तक काम करते समय, मैंने यह अनुभव किया है कि लोगों के पोषण तथा उनके सामाजिक, आर्थिक और राजनीतिक विकास के बीच एक सीधा संबंध है। स्वास्थ्य कभी भी अधिकारों की विशाल धारणा से अलग नहीं किया जा सकता।

मानवाधिकारों के कार्य में मेरी रुचि "पीपल्स यूनियन फ़ॉर सिविल लिबर्टीज़" में शामिल होने से आरंभ हुई। यह भारतीय मानवाधिकारों की सम्मानित संस्था है, जिसे स्वर्गीय जयप्रकाश नारायण ने एमर्जेंसी के काले दिनों में स्थापित किया, जब साधारण नागरिकों की बोलने की आज़ादी को स्थगित कर दिया गया था। जब छत्तीसगढ़ का नया राज्य बना तो मुझे छत्तीसगढ़ के पीपल्स यूनियन फ़ॉर लिबर्टीज़ का सेक्रेटरी बना दिया गया और बाद में राष्ट्रीय उपप्रधान का काम भी दे दिया गया।

मानवाधिकारों के क्षेत्र में मेरा ज़्यादा काम आदिवासी समाजों की दुर्दशा को दर्शाना तथा उनकी शासन द्वारा अवहेलना और उनपर पुलिस के अत्याचारों के बारे रिपोटर्स देना था।

यह वह समय था, जब छत्तीसगढ़ की सरकार भूमि गृहण द्वारा महान विकास की एक बड़ी योजना में जुटी हुई थी, इसके द्वारा आदिवासियों को उनकी भूमि, पानी तथा जंगलों के स्रोतों से अलग किया जाना था और उनके वर्तमान आजीविका के स्रोतों को ख़त्म करना था। राज्य सरकार द्वारा कथित रूप से माओवादियों के विरुद्ध काम करने के लिए राज्य के जंगली भागों में कार्यवाही आरंभ की गई, जिससे लोगों का साधारण जीवन बुरी तरह प्रभावित हुआ। दमनकारी कानूनों, पुलिस के अन्याय तथा राज्य द्वारा प्रोत्साहित शांति सेना 'सल्वा जुडुम' की गतिविधियों से लोगों का बुरा हाल हो गया। पीपल्स यूनियन फ़ॅार सिविल लिबर्टीज़ की ओर से मैंने और मेरे सहयोगियों ने सल्वा जुडुम की ज़्यादतियों की पड़ताल की। इस जांच में हमने उन कथित "पुलिस मुकाबलों" में सुरक्षा एजेंसियों द्वारा मारे गए लोगों के बारे में भी पूछताछ की, जिन्हें उग्रवादी होने के शक के कारण मार दिया गया था। इनमें से एक जांच के आधार पर आठ अपराधी पुलिस अफ़सरों के विरुद्ध आपराधिक मुकद्में भी दर्ज हुए और उन्हें पकड़ने के आदेश भी जारी किए गए। इससे राज्य की पुलिस को बहुत कष्ट हुआ।

'पीपल्स यूनियन फ़ॉर सिविल लिबर्टीज़' ने आदिवासियों को बिना किसी पुनर्वास के अपनी भूमि से हटाने का सख़्त विरोध किया है और उन्हें आर्थिक विकास के लाभ न देने की निन्दा की है, क्योंकि यह विकास उनकी धरती के नीचे पड़े खनिज पदार्थों पर निर्भर करता है।

मानवाधिकारों की रक्षा के काम में जुड़ने से तथा राज्य द्वारा आदिवासियों के साथ किये जा रहे अन्याय के विरुद्ध आवाज़ उठाने के कारण मुझे 14 मई 2007 को माओवादियों की सहायता करने के दोष में बन्दी बना लिया गया और मुझ पर छत्तीसगढ़ "विशेष जन सुरक्षा अधिनियम" (2005) तथा "ग़ैरकानूनी गतिविधियों (प्रतिबन्ध) अधिनियम" (1967) के उल्लंघन और देशद्रोही गतिविधि में लिप्त होने के दोष लगाये गये। रायपुर की निचली अदालत ने 24 दिसम्बर, 2010 को मुझे और दो अन्य व्यक्तियों को देशद्रोह के लिये आजीवन कारावास की सज़ा सुनाई। यह कानून हमारे बरतानवी शासकों ने उन्नीसवीं सदी में बनाया था ताकि भारत के स्वतंत्रता सेनानियों पर नकेल लगाई जा सके।

आज मैं ग्वांगजू में आपके मध्य खड़ा हूं, क्योंकि सुप्रीम कोर्ट ने मुझे 15 अप्रैल, 2011 को जमानत पर रिहा कर दिया है और इस देशद्रोह के कानून के बारे

में यह कहा कि यह आरोप ग़लत है और मेरे विरुद्ध इस दोष को सिद्ध करने का कोई आधार नहीं है। आजीवन कारावास के विरुद्ध मेरी अपील छत्तीसगढ़ हाई कोर्ट में विचाराधीन है और मैंने निश्चय किया है कि मैं इस अन्यायपूर्ण निर्णय के विरुद्ध तब तक लड़ता रहूंगा, जब तक यह साबित नहीं हो जाता कि मेरी सारी गतिविधियाँ न्याय तथा समानता के लिये थीं और कभी भी देशद्रोही नहीं थीं।

मैंने छत्तीसगढ़ के बारे में जो कुछ कहा है, वह सारे भारत पर भी लागू होता है। भारत, जिसका नागरिक मैं हूं, एक प्राचीन और महान् राष्ट्र है। इसमें लोगों, संस्कृतियों, भाषाओं, तथा जातियों की बड़ी विविधता है। यह वह धरती है, जिसने चार मुख्य धर्मों को जन्म दिया है हिन्दु, बुद्ध, जैन, तथा सिक्ख धर्म। इसके अलावा यह महान् दार्शनिकों, गणितज्ञों, भौतिक विज्ञानियों तथा सामाजिक क्रान्तिकारियों की भी जन्मभूमि भी है।

आजकल भारत को संसार भर में तेज़ी से विकसित हो रहे एक ऐसे देश के रूप में माना जा रहा है, जिसकी विकास दर कई वर्षों से 8-9 प्रतिशत के बीच रही है। चाहे यह चीन से पीछे है पर फिर भी, आने वाले शतकों में इसे चीन की तरह विश्व की एक आर्थिक शक्ति के रूप में देखा जा रहा है। पहले ही इस देश में अनेकों अरबपति हैं, जिनकी गिनती एशिया के किसी देश के अरबपतियों से ज़्यादा है।

फिर भी, यदि हम इस बहु-जनसंख्या वाले विशाल देश की ओर देखें तो पता चलेगा कि इसकी स्थिति इतनी उज्जवल नहीं, जितनी दर्शाई गई है। इसमें रहने वाले अति निर्धन लोगों की गिनती दुनिया के किसी देश में रहने वाले निर्धन लोगों से ज़्यादा है। सन् 2007 के एक अध्ययन के अनुसार देश के अव्यवस्थित क्षेत्र में 1993-94 और 2004-05 के बीच 836 मिलियन ऐसे व्यक्ति हैं, जिनकी दैनिक आय 20 रुपये अथवा 0.50 डालर से भी कम है। यह तथ्य सरकारी आंकड़ों पर आधारित है।

साल 2010 में ऑक्सफ़ोर्ड यूनिवर्सिटी के एक अध्ययन के अनुसार, जिसमें एक बहुपरिभाषक निर्धनता सूचक का उपयोग किया गया है, भारत के आठ प्रांतों में 26 अफ़्रीकी देशों से भी अधिक निर्धन लोग रहते हैं। इस रिपोर्ट के अनुसार, बिहार, छत्तीसगढ़, झारखंड, मध्यप्रदेश, उड़ीसा, राजस्थान और उत्तरप्रदेश के निर्धन लोगों की संख्या 421 मिलियन है। यह गिनती 26 अफ़्रीकी देशों के अति निर्धन लोगों की संख्या से 11 मिलियन ज़्यादा है।

एक डॉक्टर तथा शिशु चिकित्सा विशेषज्ञ होने के नाते जिस बात की मुझे सबसे अधिक चिंता है, वह यह है कि इतने विशाल स्तर पर निर्धनता

से स्वास्थ्य सम्बन्धी ऐसी विकराल समस्या उत्पन्न हो सकती है, जो नरसंहार कही जा सकती है।

इंडियन नेशनल मॉनीटरिंग ब्यूरो के अनुसार, भारत की जनसंख्या के 33 प्रतिशत प्रौढ़ व्यक्तियों को बॉडी मास इंडैक्स 18.5 से कम है, जिससे उन्हें बुरी तरह से अपोषित कहा जा सकता है। यदि हम इन तथ्यों का और विश्लेषण करें तो पता चलता है कि इन में 50 प्रतिशत अनुसूचित कबीलों (आदिवासियों) तथा 60 प्रतिशत अनूसूचित जातियों (दलितों) की संख्या है।

विश्व स्वास्थ्य संघ के अनुसार जिस समाज के बॉडी मास इंडैक्स 18.5 से कम होता है, उन्हें अकाल की स्थिति में रहते हुए माना जा सकता है। इस मापदंड के अनुसार, भारत में रहने वाले अनुसूचित कबीलों और अनुसूचित जातियों की दशा स्थाई रूप में अकाल पीड़ितों जैसी है।

अत: ग़रीबी के कारण हुई कुपोषण की समस्या की शिकार साधारण आबादी नहीं, बल्कि एक विशेष जाति है। इसलिए, इसके बारे संयुक्त राष्ट्र संघ की व्याख्या अनुसार 'नरसंहार' शब्द का प्रयोग किया जा सकता है। यह सब कुछ उस सांसारिक यथार्थ से अलग है। सच यह है, भारत में 5 साल की आयु से कम 43 प्रतिशत बच्चे भार के मापदंड के हिसाब से कुपोषित हैं। भारत में कुपोषित बच्चों की संख्या बाकी संसार के ऐसे बच्चों से अधिक हैं, यहां प्रतिवर्ष 2 मिलियन बच्चे कुपोषण से संबंधित रोगों से मर जाते हैं।

काफ़ी समय से मध्य भारत के आदिवासी लोग अपनी अत्यन्त निर्धनता के बावजूद अपने सार्वजनिक संपति साधनों जैसे कि जंगल, नदियां तथा भूमि से अपनी आजीविका चलाते आये हैं। अब इन्हीं साधनों को अंर्तराष्ट्रीय पूंजी के द्वारा निजीकरण का ख़तरा है। कायदे से, इन प्राकृतिक साधनों तथा भूमि आदि के अधिकार राज्य के पास है, इसके अनुसार भूमि के बड़े भाग, वन, और पानी के स्त्रोत अन्तर्राष्ट्रीय पूंजी के भारतीय प्रतिनिधियों को दिये जा रहे हैं।

छत्तीसगढ़ और भारत के कई और प्रातों में साधारण लोगों से भूमि हथिया कर बड़े-बड़े उद्योगपतियों को दी जा रही है ताकि वे वहां खनिज पदार्थों की खोज कर सकें तथा लोहे अथवा ऊर्जा उत्पादन के लिए प्लांट लगा सकें। केवल कुछ लोगों को छोड़कर सरकारी सत्ता से अधिकृत अधिकारी बस्तीवादी सोच के धारणी है। ऐसी बात नहीं है कि लोगों ने इन परियोजनाओं का विरोध नहीं किया। आदिवासी भूमियों के बलपूर्वक अधिग्रहण का कई प्रकार से विरोध हुआ है, परन्तु राज्य ने इसे सदा माओवादी श्रेणी में रखा है तथा लोगों के मानवाधिकारों का बुरी तरह

उल्लंघन किया गया है। इन क्षेत्रों में सामाजिक तंत्र इतना बंटा हुआ है कि उसे ठीक नहीं किया जा सकता। इस सामाजिक विघटन को जोड़ने में समय लगेगा।

देवियो और सज्जनों! इस शुभ-अवसर पर मैं आप सबसे एक अपील करना चाहूंगा। इस समय जब छत्तीसगढ़ के बस्तर जैसे दूर इलाकों में लोगों के साथ बड़ा अन्याय हो रहा है, इस अन्याय के पीछे इंटरनेशनल ताकतों का हाथ है। इस तथ्य को अब माना जाने लगा है कि संसार भर में पूंजी के सुनामी जैसे बहाव से कई जातियों को विनाश का सामना करना पड़ रहा है, जो "मार्केट इकॉनोमी" की दार्शनिक सीमा के अन्तर्गत नहीं आ पाती।

दक्षिण कोरिया जैसे देश जिन्होंने अतीत में बस्तीवाद के अन्यायों को झेला है तथा द्वितीय विश्व महायुद्ध की राख से उभर कर संसार के औद्योगिक तथा आर्थिक रूप से विकसित देशों में अपना स्थान बनाया है, उस पर एक विशेष उत्तरदायित्व है। यह उत्तरदायित्व है इस बात को सुनिश्चित करने का कि वह उन लोगों के साथ हिंसा या उनका शोषण न करें, जो तीसरी दुनिया से सम्बन्ध रखते हैं, क्योंकि इन परेशानियों का सामना पहले उन्होंने स्वंय भी किया हैं।

मैं दक्षिण कोरिया की एक विशेष लोहा परियोजना पॉस्को (POSCO) का उल्लेख करना चाहता हूं, जिसने भारत के एक राज्य (उड़ीसा) में 12 बिलियन डॉलर निवेश करने की योजना बनाई है। परियोजना का लक्ष्य कच्चा लोहा निकाल कर एक बड़ा स्टील प्लांट लगाना है तथा एक बंदरगाह का निर्माण भी करना है।

भारतीय मानवाधिकार कार्यकर्ताओं ने बार-बार कहा है कि उड़ीसा सरकार द्वारा पॉस्को से किया गया इकरारनामा राष्ट्रीय दृष्टि से अनुचित है, क्योंकि उसे 600 मिलियन टन के प्रथम श्रेणी के कच्चे लोहे पर सर्वाधिकार दे देना एक बहुत बड़ा घपला है। मूल इकरारनामे के अनुसार पॉस्को द्वारा सरकार को जो लाभ मिलेगा वह 24 रुपये प्रति टन होगा, जबकि अन्तर्राष्ट्रीय बाजार में उसका विक्रय मूल्य 5000 रुपये प्रति टन होगा। इसके साथ ही पॉस्को तथा इसके सहयोगी पूंजीपतियों को लगभग 5000 एकड़ ज़मीन ग़ैरकानूनी तौर पर दी जायेगी जिस पर जंगल है और जिसे भारतीय कानून के अनुसार किसी और उद्देश्य के लिए प्रयोग में नहीं लाया जा सकता (जब तक वहां के रहने वाले लोगों की सहमति न हो)।

पांच साल से अधिक समय से "पॉस्को प्रतिरोध संग्राम समिति", जो जिला जगतसिंहपुर के लोगों का एक जन आंदोलन है, पॉस्को की इस परियोजना का डट कर विरोध कर रही है। इससे हजारों किसानों, मज़दूरों तथा छोटे दुकानदारों के आजीविका के साधनों के नष्ट हो जाने का डर है तथा इस का स्थानीय पर्यावरण

पर विनाशकारी प्रभाव हो सकता है। लगभग 30,000 किसान तथा मछुवारे इस परियोजना के विस्थापित हो सकते हैं।

अब जब मैं आपसे बात कर रहा हूं, उड़ीसा पुलिस के कई दस्ते उस भूमि पर बसे गांवों में घूम रहे हैं, ताकि उन्हें पास्को की इस परियोजना के लिये अपने निवास स्थानों से बलपूर्वक हटाया जा सके। मैं दक्षिण कोरिया के लोगों से साधारणतया तथा ग्वांगजू के लोगों से विशेषत: आह्वान करूंगा कि वे पास्को परियोजना का ज़ोरदार विरोध करें तथा जगतसिंहपुर के बहादुर किसानों और मछुवारों के साथ अपनी एकजुटता का प्रदर्शन करें। पॉस्को को इस परियोजना से अपना निवेश तुरंत वापस ले लेना चाहिए तथा भारत और कोरिया में इस विषय पर जांच करवानी चाहिए कि इस परियोजना को किन हालातों में विचारा गया और इसे आरंभ करने की अनुमति कैसे दी गई।

ग्वागंजू पुरस्कार की भावना हम सब को यह प्रेरणा देती है कि हम मानवाधिकारों के हर उल्लंघन का हर रूप से विरोध करें, चाहे ऐसा कहीं भी हो रहा हो और चाहे इसके लिए हमें कोई भी कीमत क्यों न चुकानी पड़े। हमें शांति के लिए प्रतिबद्ध होना पड़ेगा, पर हमें यह भी समझना होगा कि शांति कभी भी समानता और सामाजिक न्याय के बिना प्राप्त नहीं की जा सकती। मुझे विश्वास है कि मेरी अपील आप सब को सुनाई देगी और आप सभी इसका उचित उत्तर देंगे। मैं यह भी अनुभव करता हूं कि दक्षिण कोरियन लोगों की घनिष्ठता सदा भारत के, एशिया के तथा संसार के सताये हुये लोगों के साथ होगी।

धन्यवाद।

परिशिष्ट 'ख'

रूपांतरः एक रिपोर्ट

'रूपांतर' एक गै़र-सरकारी संस्था है, जिसे डा. बिनायक सेन तथा डा. इलीना सेन ने 1987 में स्थापित किया और 1994 में पंजीकृत करवाया। स्थानीय लोगों को स्वास्थ्य तथा समाज कल्याण के कार्यों में शामिल करना आवश्यक था। इस संस्था का विशेष उद्‌देश्य ऐसे कार्यों का भार अस्पताल अथवा श्रमिक संगठन से हटा कर लोगों पर डालना था। इन कार्यों को चलाने के लिए फ़ंड भी इकट्‌ठे करने थे ताकि इन्हें कुशलता से चलाया जा सके। वे विकास का एक ऐसा रूप स्थापित करना चाहते थे, जो स्थानीय संस्कृति के अनुकूल हो। इसके निम्नलिखित चार मूल सिद्धांत निश्चित किये गयेः

- विवेकपूर्ण शैली
- सरल तथा विभाजित टेक्नालोजी
- मानसिक तथा शारीरिक कार्य में अंतर कराना
- निर्णय लेने की प्रजातांत्रिक विधि

सबसे अधिक ज़ोर इस बात पर दिया गया कि स्थानीय लोग पूरे आत्मविश्वास तथा कुशलता से स्वास्थ्य कार्यों और समाज का कल्याण की गतिविधियों को सफलता से चला सकें।

शुरुआती दौर में, 'रूपांतर' द्वारा जिन व्यक्तियों को यह सेवायें उपलब्ध कराई गई, वे आदिवासी लोग थे, जिन्हें महानदी पर बनाये जा रहे बांध के कारण अपने घरों से उठना पड़ा था। उनके लिये किसी प्रकार की स्वास्थ्य सेवायें उपलब्ध नहीं थी। बाद में 'रूपांतर' की गतिविधियां दूसरे क्षेत्रों में शुरू की गईं। इस संस्था के साथ और समाज सेवी संगठन भी जुड़ते गये और इसने 20 गांवों के लिए स्वास्थ्य कार्यकर्ताओं को प्रशिक्षण दिया। 'रूपांतर' ने परीक्षण के लिये एक प्रयोगशाला भी स्थापित की, जिसमें एक योग्य टैक्नीशियन की नियुक्ति की गई। साल 2000 में छत्तीसगढ़ एक अलग राज्य बन गया। नई सरकार ने स्वास्थ्य क्षेत्र के लिये एक योजना बनाई, जिसका नाम था 'मितानिन' अथवा "स्त्री-मित्र" जिसके अनुसार महिला कार्यकर्ताओं को प्रशिक्षण दिया

जाना था। 'रूपांतर' इस प्रोग्राम में शामिल था तथा डॉ. बिनायक सेन छत्तीसगढ़ के दो क्षेत्रों के लिये कार्यकर्ताओं को प्रशिक्षण देते रहे।

'रूपांतर' के सारे कार्य उन सामाजिक समुदाय के लोगों की सहायता से चलाये गये, जो विकास की प्रक्रिया में बहुत पिछड़ गये थे। रूपांतर का लक्ष्य विकास के ऐसे रूपों का निर्माण करना था, जो इन सामाजिक समुदायों के लिये उनके अपने बल से संचालित हों। इसीलिये उन्होंने छत्तीसगढ़ में काम करने का निश्चय किया, जहां मध्य भारत के सबसे अधिक अविकसित तथा ग़रीब लोग रहते हैं। इन वर्षों में 'रूपांतर' का कार्य निम्नलिखित क्षेत्रों पर केंद्रित रहा है:

- स्वास्थ्य
- वनस्पति-विविधता की सुरक्षा
- शिक्षा
- स्त्री के अधिकारों की रक्षा

स्वास्थ्य के क्षेत्र में 'रूपांतर' स्वास्थ्य कार्यकर्ताओं में प्रशिक्षण, स्वास्थ्य केन्द्रों के निर्माण तथा मलेरिया, टी.बी., पेट के विकार, कुपोषण, तथा जन्म सम्बन्धी समस्याओं के समाधान के लिये कार्य करता रहा है। वनस्पति के क्षेत्र में इसने जैविक खेती का समर्थन किया है तथा चावल के स्थानीय बीजों की संभाल पर ज़ोर दिया है। शिक्षा के क्षेत्र में इसने कई गांवों तथा झुग्गी-झोंपड़ियों में बच्चों के लिये शिक्षा का प्रबन्ध किया है। स्त्री अधिकारों की रक्षा के लिये इसने स्त्रियों को विकास कार्यों में शामिल करने तथा उनके कल्याण के लिये कई कार्यक्रम आयोजित किये हैं।

2007 से 'रूपांतर' की गतिविधियों में रुकावट आ गई है, क्योंकि डॉ. बिनायक सेन को कैद कर लिया गया था। सुप्रीम कोर्ट के आदेश से उनकी रिहाई के बाद रूपांतर की गतिविधियों को फिर से उसी तीव्रता से चलाने के लिए उपाय किये जा रहे हैं। इस संस्था के उद्देश्य इस प्रकार होंगे:

1. स्वास्थ्य कार्यकर्ताओं की सहायता से स्वास्थ्य केंन्द्रों को फिर आरम्भ करना
2. अपने अनुभवों तथा प्रयत्नों को लिखित रूप में इकट्ठा करना
3. बीज संरक्षण का काम दोबारा शुरू करना
4. शिक्षा व शांति सम्बन्धी काम करना

रूपांतर के अन्य कार्यों में शराब-खोरी की आदत का विरोध, स्त्रियों के विरूद्ध हिंसा पर रोक, तथा खाद्य अन्नों की सुरक्षा आदि शामिल हैं। यह एक विलक्षण

संस्था है जिस से सेन दम्पत्ति की सामाजिक कार्यों के प्रति कमिटमेंट तथा सामाजिक विकास के लिये प्रबल इच्छा का पता चलता है। यह उनके लिये एक सक्रिय संस्था है, जिसके द्वारा रचनात्मक सामाजिक काम अच्छी तरह से किया जा सकता है। यही कारण है कि यह राष्ट्रीय स्तर पर विकास के लिये एक आदर्श संस्था सिद्ध हुई है।

(श्रीमती डा. इलीना सेन द्वारा दी गई जानकारी पर आधारित)

फोटो गैलरी

फोटो 1 : अपनी रिहाई के समय विजयी मुद्रा में डॉ. बिनायक सेन

फोटो 2 : एक सेमिनार के दौरान डॉ. बिनायक सेन गंभीर मुद्रा में

फोटो 3 :रायपुर सेंट्रल जेल से रिहा होने पर डॉ बिनायक सेन का उनकी माता व पी.यू.सी.एल. कार्यकर्ताओं द्वारा स्वागत

फोटो 4 : डॉ इलीना सेन एक प्रेस कांफ्रेंस के दौरान

फोटो 5 : इंडिया गेट (नई दिल्ली) पर मोमबत्तियाँ जला कर जनता ने अपना समर्थन जताया

फोटो 6 : माओवादियों के "पीपल्स वॉर" को दर्शाता एक पोस्टर

फोटो 7 : कोलकाता में सुश्री अनुसूया सेन (डॉ. सेन की माता) द्वारा एक विरोध रैली का सफल नेतृत्व

फोटो 8 : डॉ सेन इस पुस्तक के एक लेखक डॉ. सेवक के साथ

फोटो 9 : क्रांति का मसीहा